中国甜瓜种植户生产行为实证研究

◎ 孙玉竹　吴敬学　毛世平　著

中国农业科学技术出版社

图书在版编目（CIP）数据

中国甜瓜种植户生产行为实证研究／孙玉竹，吴敬学，毛世平著 . --北京：中国农业科学技术出版社，2021.4

ISBN 978-7-5116-5239-3

Ⅰ.①中… Ⅱ.①孙…②吴…③毛… Ⅲ.①农户-甜瓜-瓜果园艺-农业生产-研究-中国 Ⅳ.①F326.13②S652

中国版本图书馆 CIP 数据核字（2021）第 049742 号

责任编辑	徐定娜
责任校对	李向荣
责任印制	姜义伟　王思文

出 版 者	中国农业科学技术出版社
	北京市中关村南大街 12 号　邮编：100081
电　　话	（010）82105169（编辑室）　　（010）82109702（发行部）
	（010）82109709（读者服务部）
传　　真	（010）82109707
网　　址	http://www.castp.cn
经 销 者	各地新华书店
印 刷 者	北京建宏印刷有限公司
开　　本	170 mm×240 mm　1/16
印　　张	10
字　　数	172 千字
版　　次	2021 年 4 月第 1 版　2021 年 4 月第 1 次印刷
定　　价	48.00 元

◆◆◆◆ 版权所有·翻印必究 ◆◆◆◆

摘　　要

本书基于深化农业供给侧改革、强调农业生产提质增效、加快农业生产方式转变、大力发展绿色农业的政策背景；基于消费者对绿色农产品的需求不断增长，绿色农产品市场前景广阔的市场情况而进行研究，主要目的是从微观实证角度分析甜瓜产业转型发展方式。已有的文献多集中于对粮食农户行为的研究，对高效园艺作物农户生产行为研究较少。本研究以从事高效园艺作物农产品生产的农户——甜瓜主产区瓜农为对象，利用微观农户调查数据，采用计量经济学等实证分析方法，将农户生产过程中的关键环节作为研究的具体内容，分析不同经营规模、不同区域、不同种植模式甜瓜农户生产行为，以期引导农户提高高效园艺作物生产效率，推动高效园艺作物农户向绿色生产方式转变。

主要研究内容和重要结论如下。

第一，实证分析甜瓜农户种植意愿及其影响因素。结果表明：农户甜瓜种植意愿主要受到户主的年龄、家庭劳动力数量、种瓜收入、农业品牌、种植风险认知等多种因素影响。其中劳动力数量、甜瓜盈利能力、农业品牌等因素对甜瓜种植意愿呈现显著正向影响，种植规模、风险认知对甜瓜种植意愿呈现显著负向影响。说明地区品牌化、专业化发展对甜瓜产业具有积极的促进作用。在甜瓜优势产区，单纯依靠扩大甜瓜生产规模已经不能满足产业发展的需要，形成特色化、差异化、品质化的农产品，才是优势产业形成的必要条件，并且需要先进的生产技术支持。

第二，实证分析甜瓜农户生产技术需求，并分析瓜农环境友好型技术选择行为的影响因素。结果表明：①不同区域农户技术需求具有异质性；②农户技术采用的最终目的都是提高生产利润；③要想达成甜瓜产业绿色发展的目标，需要提高农户文化水平，组织相关环境友好型技术培训，增加环境友好型技术获取渠道，政府履行宣传引导作用，必要时给予补贴。

第三，实证分析园艺作物农户生产技术效率及其影响因素。结果表明：①从全样本角度分析，甜瓜产业存在化肥、农药、机械投入过量的可能；②不同经营规模与农户生产技术效率呈现"倒U形"效应；③栽培模式、组织化程度、培训情况、政策环境、农业品牌对瓜农生产效率与生产稳定性均产生正向影响；④农户生产的技术效率存在显著的地区差异。

第四，实证分析甜瓜农户风险认知及规避行为。结果表明：①风险认知方面，自然风险与市场风险是甜瓜农户主要风险来源，专业化程度越高、集聚度越高、栽培方式科技水平越高地区的农户面临的市场价格波动风险越小；交易市场越发达、信息获取渠道越多的地区面临的市场道德风险越小；②风险态度方面，甜瓜农户普遍为风险中性与风险厌恶农户；③风险规避方面，甜瓜农户倾向于采取多元化种植、订单农业、加入专业合作组织的方式进行风险规避，目前正规机制对于帮助农户规避风险的作用微弱。

基于以上研究结果，总结出以下结论：①甜瓜生产重心向西北偏移，优势产区已经形成；②甜瓜生产行为地区差异性、规模差异性明显；③组织化程度、农户技术水平对甜瓜生产行为影响显著；④甜瓜品牌化是影响甜瓜生产效率的关键变量；⑤绿色生产方式是甜瓜产业的发展方向；⑥甜瓜种植户具有较强的正规风险规避机制需求。提出以下政策建议：注重农户素质的提高、加快培育新型经营主体、推进甜瓜产业绿色技术发展、大力发展甜瓜绿色品牌战略、完善农业保险制度等。

本书的贡献和创新之处在于：①基于微观实地农户调查数据，以甜瓜生产农户作为具体研究对象，弥补了过去农户行为研究以水稻、玉米等粮食作物及苹果、柑橘等多年生作物为主要对象的局限，丰富了农户行为研究的差异性；②从不同规模、不同地区、不同种植模式进行对比分析和多视角多层次的分析，对农户生产行为特征及规律的分析更为深刻和丰富，提出的政策建议可能更具有针对性和适应性。

目　　录

1　导　　论 …………………………………………………………… (1)
　1.1　研究背景与研究意义 ………………………………………… (1)
　1.2　研究目标、思路与内容 ……………………………………… (6)
　1.3　研究方法与数据来源 ………………………………………… (9)
　1.4　研究对象与基本概念界定 …………………………………… (11)
　1.5　创新点与不足 ………………………………………………… (13)

2　相关文献研究 ……………………………………………………… (15)
　2.1　关于农户行为理论与方法的研究 …………………………… (15)
　2.2　关于农户生产行为的研究 …………………………………… (18)
　2.3　关于园艺类作物的经济学研究 ……………………………… (22)
　2.4　本章小结 ……………………………………………………… (23)

3　理论基础与研究框架 ……………………………………………… (25)
　3.1　农户行为的经济学理论基础 ………………………………… (25)
　3.2　农户生产行为分析框架 ……………………………………… (27)
　3.3　甜瓜生产的经济学特性 ……………………………………… (32)
　3.4　研究视角：不同生产规模与不同区域 ……………………… (33)
　3.5　本章小结 ……………………………………………………… (35)

4 甜瓜产业发展情况与农户种植决策行为分析 ……………………（36）
4.1 我国甜瓜产业发展情况分析 ………………………………（36）
4.2 调研区域甜瓜生产情况分析 ………………………………（44）
4.3 瓜农种植决策行为及影响因素分析 ………………………（60）
4.4 本章小结 ……………………………………………………（73）

5 瓜农生产技术选择行为及影响因素分析 ………………………（75）
5.1 瓜农技术需求与新技术采用情况 …………………………（75）
5.2 瓜农环境友好型技术选择行为及影响因素分析 …………（82）
5.3 本章小结 ……………………………………………………（96）

6 瓜农生产技术效率及影响因素分析 ……………………………（98）
6.1 理论分析与模型构建 ………………………………………（98）
6.2 数据来源与统计描述 ………………………………………（101）
6.3 瓜农生产技术效率及影响因素分析 ………………………（105）
6.4 本章小结 ……………………………………………………（113）

7 瓜农风险认知、态度与规避行为分析 …………………………（115）
7.1 理论基础与分析框架 ………………………………………（115）
7.2 瓜农风险认知与态度分析 …………………………………（117）
7.3 瓜农风险规避行为分析 ……………………………………（126）
7.4 本章小结 ……………………………………………………（129）

8 结论与政策建议 …………………………………………………（131）
8.1 主要研究结论 ………………………………………………（131）
8.2 政策建议 ……………………………………………………（134）

参考文献 ……………………………………………………………（139）

1 导　　论

1.1 研究背景与研究意义

1.1.1 研究背景

园艺作物是集约化栽培、规模较小、具有较高经济价值的农作物,包括林果类、瓜果类、蔬菜类、观赏类等。甜瓜作为具有代表性的园艺作物,其高效性主要体现在两方面:第一,高产量特性,甜瓜产量较大,2016 年中国甜瓜单产为 3.3 万千克/公顷,对于提高土地生产率具有重要的作用;第二,高价值特性,甜瓜种植一般生产投入多,产出效益高。

甜瓜作为世界重要的水果之一,具有栽培周期短、栽培技术简单、生产适应性强、市场需求量大、经济效益显著等优点,是具有代表性的园艺作物,属于高效率、高价值农产品范畴。中国是世界上最大的甜瓜生产国,具有悠久的栽培历史,20 世纪 90 年代以来,甜瓜产业进入快速稳步发展时期,甜瓜的产量、收获面积和产值都不断攀高。2016 年中国甜瓜总产量达到 1 527.1 万吨,占当年瓜果类作物总产量的 15.43%,占水果总产量的 9.09%;播种面积达到 46.09 万公顷,占当年瓜果类总播种面积的 18.08%,占水果总播种面积的 3.42%。随着经济的发展、人民生活水平的提高,对农产品多样性的需求不断增加,甜瓜产业重要性也不断提升;与大田作物相比,甜瓜比较效益十分突出,种植甜瓜已成为农民增收的重要途径之一。

2016年中央一号文件提出农业供给侧结构性改革,通过调整农业产业结构,通过技术创新,提高农业供给体系的质量和效率,以适应农产品市场需求的结构变化。2017年再次提出深化农业供给侧改革,强调提质增效,优化产业结构、产品结构,清洁生产,加快农业向绿色生产方式转变,增强农业可持续发展能力,从政策层面对产业转型、绿色生产发展提出了更高的要求。从自然资源层面,我国自然资源约束日趋严重,生态环境问题、生存环境问题、农产品质量安全问题等不断凸显,部分地区化肥利用率低,化肥、农药的长期过量施用,破坏了耕地土壤结构。在此背景下,研究我国甜瓜种植户农户生产供给现状,发现存在结构性矛盾:甜瓜比较效益日益下降,供需矛盾不断升级,产品市场价格波动加大,劳动生产率低和要素成本上升,压缩了甜瓜生产者获利空间,产业"三率"亟待突破。这些问题都不同程度地影响着甜瓜种植户的利益以及种植积极性。

第一,比较效益日趋下降。无论与蔬菜等其他园艺类作物横向比较,还是与历年发展纵向比较,甜瓜产业的比较效益呈下降趋势。具体原因从以下两方面分析。

(1) 农产品成本价格不断攀升。农机、化肥、农膜等农资产品价格上涨、劳动者工资增加、土地租金提高,直接造成了农业生产成本逐年增长。甜瓜属于劳动密集型作物,属于高投入高产出的农作物,农资与人工成本的不断增加导致甜瓜投入不断上升。除此之外,种植甜瓜的劳动力老龄化同样影响甜瓜产业比较效益下降。

(2) 农产品销售价格波动大。一方面,由于居民对甜瓜的需求随着季节的变化而变化,甜瓜的生长周期同样具有季节性,属于鲜销水果,甜瓜的价格出现明显的季节性特征,全年价格呈现两头高中间低的季节性波动。尤其在甜瓜即将大量上市的十几天内,甜瓜价格波动较大,瓜农收入不稳定。另一方面,甜瓜消费价格弹性大,与其他瓜果品种间替代性强,随着市场瓜果类产品种类的增加,消费者多样化需求的增强,国内外其他瓜果品种的冲击等,甜瓜生产经营风险较大、农户收入不稳定、种植甜瓜比较效益下降。

第二,供需矛盾不断突出,生产品种与生产方式不能满足市场多样化需求。

一方面，根据消费市场特点，甜瓜品种呈现多样化趋势，熟期分为早熟、中熟、晚熟，瓜皮分为薄皮、厚皮、网纹等，而目前许多地区的甜瓜品种已引进种植多年，品种更新滞后。另一方面，由于品种种植方式和技术相近，一定程度上造成成熟期集中、上市集中，引发短时间价格大幅下跌。从市场销售量和价格波动可以看出，在每年的5—8月，西瓜、甜瓜大量上市的季节，市场价格变化幅度很大，2016年甜瓜市场年内全国平均最高价格与最低价格之间相差3.05元/千克，甜瓜市场年内全国平均最高价格与最低价格之间相差6.39元/千克（农业部信息中心数据）。

第三，资源环境更加恶化。资源环境问题是所有农业从业者面临的共性问题，突出表现为资源约束不断增强、各类污染不断加剧、生态系统持续退化等。针对甜瓜产业的具体表现如下。①耕地质量较低，土地重茬现象严重。由于主产区连年种植，同时化肥消费过量、施肥不均匀、有机肥资源利用率低等因素，导致甜瓜优势产区出现严重的重茬。②水资源匮乏，有效利用率不高，存在过度用水和污染严重现象。尤其是华北平原地下水位已出现漏斗现象，但是农户仍普遍没有节水意识。

第四，产业"三率"亟待突破。由于耕地资源的稀缺性，提高农产品供给水平，需要依靠提高农业生产效率。土地产出率、劳动生产率和资源利用率通常被称为农业产业"三率"，提高产业"三率"是现代农业发展的重要途径，也是衡量现代农业发展水平的主要指标。甜瓜土地产出率可以用单位面积土地甜瓜产值来表示，产值由产量与销售价格共同决定。如图1-1所示，甜瓜单产呈上升趋势，但近些年上升速度减慢。未来甜瓜产业必须通过依靠科技进步，提高单产，进而提高土地产出率。

劳动生产率是劳动者生产某种产品的劳动效率，甜瓜属于劳动密集型产业，与大田作物相比劳动生产率较低，人工成本是甜瓜产业生产成本的重要支出项目，以甜瓜为代表的园艺作物产业劳动生产率亟待提高。农业资源利用率表示对投入自然资源的使用效率的度量，例如土地、水资源、肥料等，环境友好型农业要求对农业废弃物（如秸秆、畜禽粪便等）的资源利用效率进行测度。现阶段我国农业资源浪费现象严重，包括化肥过量使用和农业用水资源浪费等情况，提

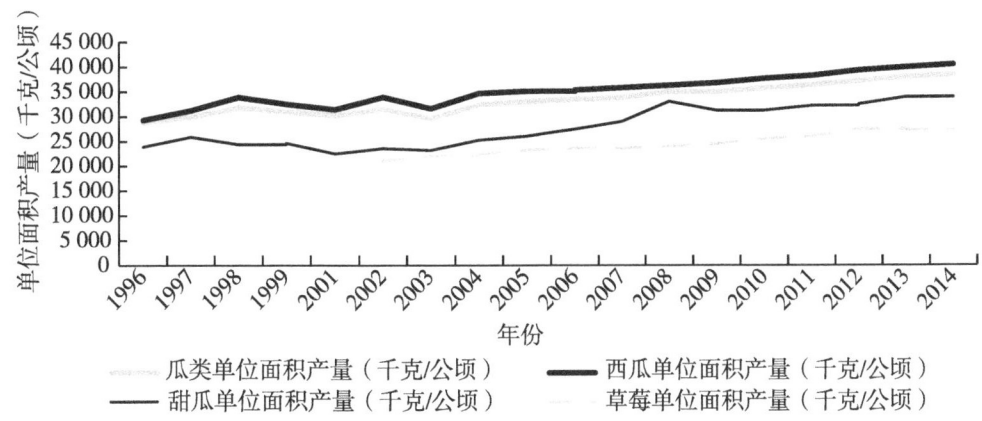

图 1-1 瓜类作物单位面积产量

高农业资源利用率是今后农业建设的方向之一。尤其在高效园艺类作物产业领域，高产、优质、高效、生态、安全是对产业发展的新要求，这也符合清洁生产的农业发展战略。

综上所述，如何减少甜瓜产业低端、无效供给，扩大中高端供给，增强甜瓜产业供给结构对需求变化的适应性和灵活性，提高全要素生产力，提高甜瓜产业"三率"，满足市场对绿色、高质量农产品的需求，减少对生态环境的破坏，实现甜瓜产业向绿色生产方式的转变，是甜瓜产业需要解决的重要问题。甜瓜种植户作为甜瓜产业的最基本的经济单元，其生存和发展直接影响甜瓜产业的发展，影响甜瓜产业结构的变动和供给的稳定性，并且其生产情况影响农民的收入以及生活水平；又因园艺作物的高效性、技术密集、劳动力密集、资本集约等特性，对其生产的研究，有助于提高整体产业"三率"，对于保证园艺产品的均衡供应具有重要意义。

因此，本研究以行为经济学、农户经济学等多学科理论为基础，以甜瓜种植户为研究对象，以不同规模、不同区域、不同栽培方式为视角，探讨甜瓜种植户生产行为，对各种生产行为的机理及影响因素等问题展开深入细致的研究，旨在寻找甜瓜种植户经济资源配置行为选择机理的根源，以及决策行为的效益和影响因素。从微观层次上，找到影响甜瓜生产能力提高的因素，同时发现影响农户收入的主因，对甜瓜种植户行为存在的问题进行研究，从而提高甜瓜产业生产效率，保障甜瓜有效供给，达到供求平衡。

1.1.2 研究意义

随着我国部分地区的农业资源破坏日趋严重，生态环境问题和农产品品质安全问题日益凸显。加快农业生产方式转变，大力发展绿色农业，在保护环境的同时实现农业节本增收，是现阶段园艺作物产业发展需要关注的重点，而农业结构调整、农村经济发展、产业转型均可以从农户行为中得到启示，农户生产行为成为影响农业现代化发展的关键因素。因此，研究以市场为导向的农户生产行为特征及其影响因素等问题具有重要的理论意义与现实意义。

（1）理论意义。虽然农户行为的相关研究文献已经很多，但研究对象大多集中于小麦、玉米等粮食作物的研究，大田作物为主的农户生产行为与园艺作物农户生产差异性较大，甜瓜作为高价值、高效率的园艺类农作物在促进农民增收、推动产业结构调整、改善居民膳食结构与营养等方面的作用日益凸显。但对甜瓜种植户的生产行为研究较少，并且没有形成一个完整的理论体系，对于甜瓜为代表的园艺作物的研究，对于丰富农户生产经营行为体系，具有重要的理论意义。

第一，种植目标层面：农户生产大田作物除了获取收益、国家政策需求等以外，自给消耗也是其生产目的之一。但是园艺作物的代表之一甜瓜，属于经济作物，种植目的只是单纯地为了获取种植收益，并且其不属于非必需农产品，自给消耗量很小，商品率远高于大田作物。

第二，生产方式层面：与粮食等大田作物相比，甜瓜具有投入高、收益高、劳动密集、生产技术要求高、风险较大等特征，甜瓜种植户在参与生产经营时所面临的问题与大田作物差异性较大，对于资金、技术、政策环境、市场等约束条件更严格。并且甜瓜与柑橘、葡萄、茶叶等多年生园艺作物的差异性较大，甜瓜生产周期短、成本回收快，尤其是现代栽培技术的进步，使得其逐渐不受季节限制，全年均有甜瓜上市，甜瓜种植户面临的生产技术选择等问题更加突出。即使与生产方式、生产技术、生产条件较为相似的蔬菜、西瓜等园艺作物，甜瓜也具有市场价格稳定、成本收益波动相对平缓的特征。

综上所述，与其他作物生产的差异性使其相关农户生产的研究难以直接运用到甜瓜产业，所以以甜瓜种植户为研究对象，研究瓜农生产行为，对于完善农户农作物生产行为理论具有重要意义。基于产业转型、绿色生产方式的甜瓜农户行为研究，对于补充绿色生产理论也具有一定的积极作用。

(2) 实践意义。作为最基本的生产单元，农户生产行为，即种植决策、技术选择、生产效率、风险应对等行为对甜瓜产业发展、产业转型、生产效率、相关政策制定与实施等方面具有影响。对于园艺作物的代表甜瓜农户行为的研究，对于种植结构调整、产业转型、推进环境友好型技术使用、提高甜瓜产业生产效率具有一定意义，对于甜瓜主产区制定相应发展政策，提供相应的微观数据支持。

第一，对于甜瓜生产行为的研究，对于提高瓜农收入，支持主产区甜瓜产业发展，具有重要意义。近些年来甜瓜产业发展较快，但是也逐渐面临着许多压力，包括生产成本方面与自然生态环境约束，对于甜瓜种植户的研究有助于解决产业发展困境。对于小产业的研究，官方统计数据仅公布总产量、播种面积、单产等宏观数据的研究，文献方面对于微观研究也较少。本研究基于甜瓜主产区调研，获取一手微观调研数据，以此为基础分析瓜农生产行为，通过分析种植决策、技术选择、生产效率、风险认知行为及其影响因素的研究，对于解决瓜农面临的成本压力、资源约束，提高甜瓜产业生产效率起到一定积极作用，对甜瓜产业转型和绿色生产方式的推广，提供微观实证分析。

第二，对其他园艺作物产业的发展也有一定的借鉴意义。生态、资源环境约束加剧，合作组织规范程度不高，农业劳动力老龄化加剧，农作物投入成本不断攀升，国际农产品市场竞争力日益加剧等问题是大部分农产品面临的问题，如何使农产品供给更加适应消费结构的升级与市场波动趋势等也是农业从业者考虑的主要方面。

1.2 研究目标、思路与内容

1.2.1 研究目标

本研究的总体目标是分析我国甜瓜种植户生产行为及其影响因素，微观层面希望为提高瓜农种植收益及生产效率提供实证研究数据；中观层面为提高甜瓜产业整体生产水平、转变生产方式、提高环境友好型技术的使用效率提供研究基础；宏观层面为调整农业生产结构、促进优势产区的发展提供一些建议。具体研究内容如下。

第一，高效园艺作物农户种植意愿及影响因素分析。①对我国甜瓜产业生产整体情况进行分析，包括20年来生产重心和主产区变动，优势产区的形成等；②对于调研区域生产基本情况与农户情况进行描述性分析；③运用计量分析方法，对甜瓜农户种植决策及影响因素进行分析。

第二，高效园艺作物农户生产技术选择行为及影响因素分析。①分析甜瓜种植户技术需求与新技术采用情况；②分析环境友好型技术采用的情况与影响因素，并基于不同规模的角度分析。

第三，高效园艺作物农户生产技术效率及影响因素分析。①运用计量分析方法，测算甜瓜种植户生产技术效率；②分析甜瓜种植户生产技术效率的关键影响因素。

第四，高效园艺作物农产品农户风险认知、态度及规避行为分析。①基于不同经营规模、不同区域、不同栽培模式的角度分析农户甜瓜生产风险来源认知；②从不同经营规模、不同地区、不同栽培模式的角度分析农户甜瓜生产风险态度；③分析农户风险规避行为，总结不同区域农户风险应对策略。

1.2.2 研究的基本思路

首先，基于研究背景，提出研究问题，确立研究目标并确定研究范畴、界定相关研究概念，明确"农户"与"农民"、甜瓜种植农户、高效园艺作物、农户生产行为等概念的范畴。

其次，基于背景、目的、概念界定的基础，通过研究以往文献和理论，确立图书的主要研究内容，对于甜瓜种植户生产行为的分析主要分为四大部分，种植决策行为、技术选择行为、要素投入行为、风险规避行为。基于微观一手调查数据，参考宏观统计资料，进行详细实证分析。

最后，总结本研究的结论，并提出相应的对甜瓜产业发展的对策建议。

具体见图1-2。

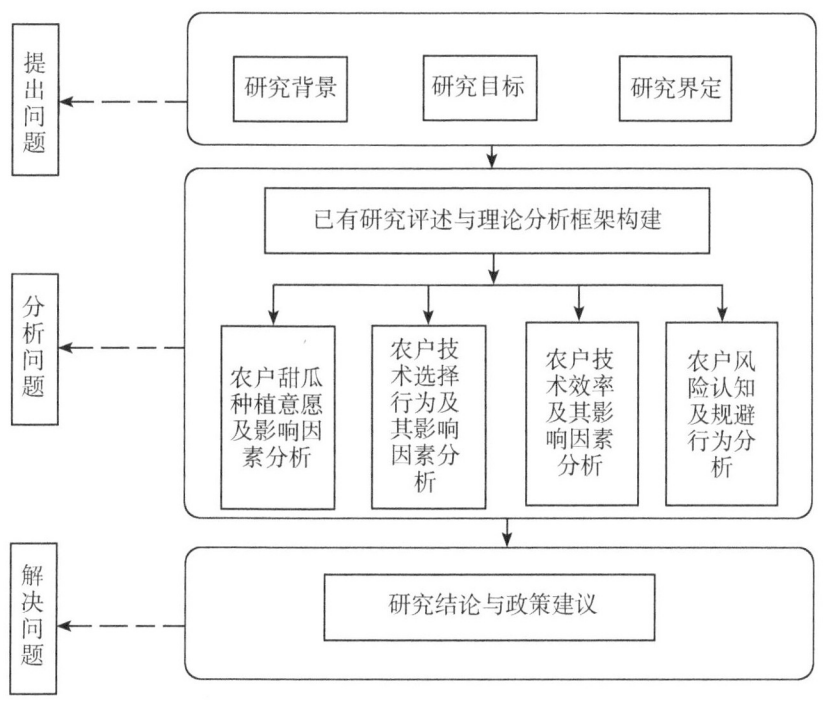

图 1-2 技术路线

1.2.3 研究内容

基于研究目标和研究内容,本书主要分为 3 部分,涉及 8 个章节,具体如下。

第一部分:研究基础,包括第 1 章到第 3 章,分别为导论、相关文献研究、理论基础与研究框架。

第 1 章,导论。基于研究背景,提出研究问题,确立研究目标,并确定研究范畴、界定相关研究概念,并介绍本研究的结构。

第 2 章,相关文献研究。梳理与研究内容相关的文献,通过以往国内外文献的梳理,并对文献进行评述。

第 3 章,理论基础与研究框架。说明本研究的基础理论支撑,并分析研究框架。此部分为本研究奠定了基础。

第二部分：主要内容，包括第 4 章到第 7 章，分别为甜瓜产业发展情况与农户种植决策行为分析、瓜农生产技术选择行为及影响因素分析、瓜农生产技术效率及影响因素分析、瓜农风险认知、态度与规避行为分析。

第 4 章，甜瓜产业发展情况与农户种植决策行为分析。首先，对甜瓜产业发展情况进行梳理；其次，基于新疆维吾尔自治区（以下简称新疆，全书同）、山东、陕西 3 个甜瓜主产区农户调查数据，对调研区域情况与调研农户甜瓜种植基本情况进行分析；最后，实证分析家庭禀赋、农户禀赋、环境禀赋等因素对瓜农种植决策行为的影响，以此探求影响瓜农种植决策的关键因素。

第 5 章，瓜农生产技术选择行为及影响因素分析。描述性统计分析甜瓜种植户技术需求与新技术采用情况；采用联立双变量 Probit 模型、Tobit 模型，分析环境友好型技术采用的情况与影响因素，并分析环境友好型技术采用量的影响因素。

第 6 章，瓜农生产技术效率及影响因素分析。基于农户调查数据，采用异质性随机前沿生产函数等计量分析方法，测算甜瓜种植户生产技术效率；并分析甜瓜种植户生产技术效率的关键，并基于不同规模、不同区域视角分析农户甜瓜生产效率及影响因素。

第 7 章，瓜农风险认知、态度与规避行为分析。基于农户风险研究相关理论，研究甜瓜农户风险来源认知与风险态度，通过风险来源认知，可以了解农户的风险来源认知及其偏好，有助于了解农户在生产过程中的风险决策行为。并对瓜农风险规避行为进行分析，对于微观农户选择的规避风险方式的研究，有利于为政府制定相关的风险管理政策提供依据。

第三部分：结论与政策建议，本部分为第 8 章，总结本研究得出的结论，提出相应的政策建议。

1.3 研究方法与数据来源

1.3.1 研究方法

对于甜瓜种植户生产行为的研究采用规范分析和实证分析相结合的方法。以高效园艺作物甜瓜种植户为对象，考察其生产行为，包括种植决策、技术选择、生产效率、风险规避等，研究方法具体如下。

（1）文献资料分析法。对于甜瓜种植户生产行为的研究基础，始于对相关文献的分析，本研究利用中国农业科学院信息平台提供的中国农业科学院图书馆、CNKI 数据库、CALIS 外文数据库等相关信息来源，获取研究相关文献，收集研究相关资料，为后续研究奠定坚实的基础。

（2）实地调查法。由于甜瓜产业宏观数据的限制，本研究数据主要采用实地调查法获取，依托于"现代农业产业技术体系"的课题支持，对新疆、山东、陕西三地农户开展实地调研。通过一对一问卷调查的方法获取甜瓜农户生产信息，并对于重点农户、重点问题进行走访，走访对象包括主产区政府相关工作人员、甜瓜合作社管理者以及合作社成员、相关科研单位等。基于收集的问卷，与访谈获取的资料，支撑了本研究的主要内容。

（3）计量分析方法。在主要研究内容部分，运用计量分析方法，包括 Logitisc 选择模型、有序 Logit 模型、联立双变量 Probit 模型、Tobit 模型、异质性随机前沿生产函数模型、C-D 函数等计量经济学方法分析甜瓜种植户生产行为及影响因素。

1.3.2 数据来源

第一，实地调查数据。2016 年、2017 年秋季，依托农业部项目"国家现代农业产业技术体系：西甜瓜产业技术体系"，课题组围绕甜瓜种植户生产情况展开实地调研。结合甜瓜产业优势区发展情况与调研的可行性，选取黄淮海地区比较早开始甜瓜种植的山东、西北地区传统的甜瓜生产优势区新疆，以及近几年甜瓜产业发展速度较快的陕西 3 个地区为调研区域。调查内容包括以下信息：①甜瓜种植户家庭基本情况，例如家庭成员基本情况、年龄、文化水平、兼业行为等；②甜瓜种植户各生产环节的投入产出情况，包括甜瓜种植规模、栽培模式、投入要素数量与价格、产出水平、销售价格等；③农户技术需求与采用情况，包括对技术的需求、新技术的态度、环境友好型技术的施用情况；④农户风险认知量表、农户风险态度、农户风险规避情况等。

第二，统计年鉴数据。宏观数据主要包括研究年份的统计局官方网站、《中国农业统计资料》以及联合国粮食及农业组织（FAO）资料。

1.4 研究对象与基本概念界定

1.4.1 研究对象的界定

本研究范围集中于农户行为中的生产行为，不考虑销售行为、消费行为。具体以甜瓜种植户为研究对象，进行农户生产行为分析。之所以选择甜瓜种植户为具体研究的依托对象，一是依托于现代农业产业技术体系项目，对于各地入户调研有试验站支持，开展农户调研较为方便；二是甜瓜是高产、高价的农产品，对研究高效园艺作物具有代表性。甜瓜作为一种高价值农产品，具有劳动密集型和技术密集型特征，在目前消费者对于绿色农产品需求的背景下，研究甜瓜生产行为，对于甜瓜产业转型具有一定的意义。本书的研究对象主要涉及三大方面：一是农户的种植决策行为，主要关注农户种植意愿；二是农户生产行为，主要关注技术选择、技术效率；三是农户的风险认知及规避行为。

1.4.2 概念界定

1.4.2.1 农户与农民

"户"是以家庭为计量单位的集合，是基于亲缘关系而连接的整体，被认为是非常有研究意义的生产单位，具有资源集中利用、集体决策、共同生产、利益共享等特点，尤其是对于农业问题，以"户"为单位的研究，非常具有意义。对于农村地区而言，亲缘关系相对城市更加紧密，"农户"作为最基本的生产单位，是微观经济的主体，既是一个从事农业生产的基本经济单位，又是一个以血缘为基础的社会组织，具有生产、消费、文化传承等多种经济、社会属性。农民与农户的含义相似，有区别，有交叉，农民更强调个体，农户更强调集体生产单位。本书研究视角为经济管理学，不是社会学，所以对这2个概念的区分并没有那么严格。

对于农户的研究,首先要对其异质性进行分析:从经营规模大小角度分类,可以分为小规模农户、中规模农户、大规模农户;从产品商品率角度(商品率=产品销售量/产品产出量),可以分为市场型农户、自己型农户,本研究的对象基本为市场型农户,以利润最大化为目标;从兼业行为角度,分为兼业型农户、专业型农户。兼业型农户是基于农户从事除农业以外其他行业的角度划分的。依据兼业型农户其农业生产收入占家庭总收入的百分比又可将其分为专业型农户(80%以上)、一兼农户(50%~80%)、二兼农户(20%~50%)、纯非农户(20%以下),农户兼业行为会影响农户生产行为。

1.4.2.2 甜瓜种植农户

甜瓜作为高价值、高效率园艺类产品,具有劳动密集、高成本收益、生产技术现代化、产业分工专业化等特征。甜瓜由于品种众多,形状、大小、外观颜色、口感乃至气味都各有不同,不同地区的叫法也存在一定差异,例如哈密瓜、香瓜等。本研究甜瓜是指包括哈密瓜、香瓜在内的一类瓜,以瓜瓤为食的鲜活水果,而并非一种农作物。本研究界定甜瓜种植户属于从事甜瓜种植的农户,自主经营、自负盈亏的独立经济组织。甜瓜种植户属于专业农户中的一类,其内涵和外延比农户狭小。甜瓜区别于粮食、棉麻等大田作物、大宗农产品,需求弹性较大,符合市场消费者多样化需求的园艺作物,属于生产技术相对复杂、高投入高回报的作物,其生产方式具有一定的特殊性。

1.4.2.3 园艺作物

园艺(horticulture),即园地栽培(gardenhusbandry)的生产方法。园艺作物通常包括果品、蔬菜、各种观赏植物、香料植物及药用植物等,主要分为果品、蔬菜和观赏植物三大类。现代园艺打破传统的"围篱保护"的栽培模式,但也是采用相对集约的栽培方式的作物,园艺产业是农业中种植业的重要组成部分。我国园艺发展历史悠久,具有一定的优势:自然资源风度、劳动力充足、农业发展历史悠久、已经形成了相对规模的园艺主产区,例如南丰蜜橘、吐鲁番葡萄和哈密瓜、寿光蔬菜等。园艺作物对于丰富国内消费者膳食结构、出口创汇等,具有重要作用。

甜瓜作为具有代表性的园艺作物,其高效性主要体现在两方面:第一,高产量特性，甜瓜产量较大，2016年我国甜瓜平均单产为3.3万千克/公顷，对于提高土地生产率具有重要的作用。第二，高价值特性，一般生产投入多，产出效益高。瓜农以利益最大化为目标；甜瓜属于鲜食类农产品，不易储藏，与粮食类大宗产品相比，对销售范围与冷链存储设备的要求更高；瓜农生产的专业化与抗风险能力要求更高，伴随而来的是市场价格比较高。可见，甜瓜属于高价值、高效率园艺农产品的范畴，是我国高效园艺作物的代表之一。

1.4.2.4 农户生产行为

生产原指企业在特定环境下，以生产的产品或服务为经营对象，为实现利润最大化而展开的综合性活动。农户的生产行为是指在一定的经济环境、社会、文化、政治资源环境约束下，农户为实现一定目标而展开的一系列与生产相关的经济行为选择，主要包括农户的技术选择行为、要素投入行为、土地行为、风险规避行为等。就本研究而言，研究重点主要关注农户在甜瓜生产中的技术选择行为、要素投入行为、风险规避行为，不涉及土地流转行为。

1.5 创新点与不足

1.5.1 创新点

（1）本研究以甜瓜为研究对象，进行微观实证研究。以往的研究多集中于小麦、玉米、水稻等粮食类大田作物的研究，以及柑橘、苹果、大枣等多年生农产品作物的研究。本研究以甜瓜种植户为对象，一定程度上丰富了农业品种的农户生产差异性研究，拓展了农户行为的研究内容。

（2）本研究获取一手实地农户调查数据，对甜瓜农户的生产行为进行规范的、定量的实证研究。对于甜瓜产业内，多为宏观产业发展描述性研究，本研究一定程度丰富了甜瓜产业的基础调研数据以及微观农户的研究。基于微观调研数据，可以利用计量经济模型，从实证角度分析影响甜瓜种植户生产行为的主要因素，在产业转型、绿色生产背景下，发现甜瓜农户生产行为表现趋势。对甜瓜产业内实行绿色生产与清洁生产、转变生产方式，提供了微观实证研究。

（3）在研究视角方面比较了不同地区、不同生产规模农户的差异。本研究基于甜瓜种植户微观实地调研，研究内容包括甜瓜种植户生产过程中行为，包括种植决策行为、技术选择行为、要素投入行为、风险规避行为，比较系统地对瓜农生产行为进行研究，更加科学地认识甜瓜种植户生产行为特征及规律；并且对于农户生产行为，基于不同地区、不同生产规模、不同栽培方式农户进行比较研究，更加深层、全面地发现甜瓜种植户生产行为特征及规律，对于提出针对性的产业发展建议有积极作用。

1.5.2 存在的不足

本研究基于选取新疆、山东、陕西甜瓜主产区农户进行调查，研究高效园艺作物农户的生产行为，对于生产行为的研究内容比较全面，并选取不同规模、不同区域、不同栽培方式作为研究视角，但是本研究还存在以下局限性。

（1）样本选取的局限性。本研究选取新疆、山东、陕西甜瓜主产区为调研区域，区域存在一定的代表性，也是甜瓜种植规模排名前十的区域，但是由于甜瓜品种较多，不同区域生产品种差异性较大。如果可以有后续研究，调研区域应该进一步扩大覆盖面积，进一步规范样本选取范围，深化研究内容。

（2）样本追踪的局限性。本研究只有1~2年农户的截面数据，缺乏对农户动态长期的追踪调查；并且仅对甜瓜种植户进行短期研究，缺乏长期动态研究，对于形成规律性、普遍性的结论产生一定影响。

2 相关文献研究

2.1 关于农户行为理论与方法的研究

2.1.1 农户行为研究的理论基础与主要学派

甜瓜种植户生产行为，主要受到农户行为理论和基础经济学理论指导，这也是本研究最主要的理论基础。对于农户行为理论的研究，国外远比国内研究的更早、更深入，通过梳理，发现主要分为以下几个学派。

（1）自给小农学派。由苏联经济学家恰亚诺夫（1996）提出的自给小农理论，是较早的关于农户经济行为的研究，恰亚诺夫将农户行为与企业行为进行对比，认为二者在目标、成本利润核算方式、生产模式等方面都存在显著的差异，农户行为具有独特性。主要体现在两个方面：第一，农户生产经营一般以"户"为单位，即属于家庭式生产经营，由于农户不存在劳动力雇用市场，所以其生产劳动力就是家庭成员；第二，农户生产的主要目标是满足家庭生活需要，即以自给为主要目的，而企业是以利润最大化为研究目的，所以农户最终目标是家庭消费最大化；第三，由于农户生产的特殊性，其劳动力投入无法用工资进行衡量和价值化，很难计算生产成本。另外，农户的投入与产出有时候不可分，例如养殖畜禽类粪便，可以作为种植作物的肥料，所以恰亚诺夫认为小农户、小规模家庭农场的运行目标以劳动力的供给与满足农产品的消费为决定因素，而不是简单的、绝对的利润和成本之间的权衡，以上也称为"劳动—消费均衡论"。恰亚诺夫的自给小农理论具有明显的时代特性，现代小农生产的目标已经发生了改变。

（2）理性小农学派。1964年在《改造传统农业》一书中，西奥多·舒尔茨提出在某种特定情况下农户与资本主义企业具有某种程度的相似性，有许多共同特征，而这个条件是完全竞争的市场机制，农户就是具有特殊资源和技术的"企业"。舒尔茨认为农户对市场信号的反映是有效的、灵敏的，基于市场信号的生产行为是理性的，是符合西方经济学"理性人"假设的生产主体，以利润最大化为目标，对于技术投入、要素组合、人力资本投资等都具有明显的理性行为，以上为舒尔茨的农户"贫穷而又有效率的假说"，农户生产要素配置效率极少呈低水平。舒尔茨的"理性小农"理论一直是农户行为研究的主要理论基础，包括现在很多关于农户行为的研究，就将其作为前提假说。

（3）有限理性学派。经济学家罗伯特·西蒙认为由于存在信息不对称，农户应对市场信号的反应存在滞后性、盲目性，而导致农户生产决策的非理性。所以，西蒙认为农户的理性是有约束的，要建立在信息完全对称的基础上。而现实中，农户的"理性"是有限的，处在完全理性和非理性之间。有限理性理论是对理性小农学派的假设的修正，即理性小农学派的利润最大化假说是具有局限性的。西蒙认为需要从"效用"角度来分析农户，并且走出农户完全理性的困境。

（4）历史学派。黄宗智在1986年《长江三角洲小农家庭与乡村发展》一书中，对于农户家庭劳动力的投入有了新的解释，认为农户一方面对投入的边际报酬概念不明确，另一方面受到种植规模的限制，导致其在生产边际报酬比较低的情况下仍然投入劳动。这种情况也受到农户家庭劳动力获取容易、农村劳动力剩余较多等影响。基于此，黄宗智总结中国20世纪中期，农业是"没有发展的增长"，即"经济在以单位工作日边际报酬递减为代价的条件下扩展"，此时期农产品属于"劳动过密型的商品化"。邓大才（1999）在黄宗智的研究基础上，总结出4种不同类型的农户：理性农户、生存农户、弱势农户、效用农户，不同类型农户生产行为有明显区别。①理性农户会受到利益驱动而产生创新动机；②生存农户主要生产目的是消费和生存，生存、安全为其主要动机，利润最大化不是其追求的目标；③弱势农户以剥削最小化为目标，强调平等、尊重、自身最大权利，期望通过最小成本付出改造传统小农社会，扭转自身存在的弱势地位；④效用农户满足可以用较为主观的概念"效用"表达，"效用"的目标则优于"利润"的目标，即小农最终追求目标是效用满足的最大化。

2.1.2 农户行为研究方法与农户模型

对于农户行为的研究，方法有很多，最开始是由"劳动—消费均衡论"，基础的经济学理论将农户的生产、消费、劳动投入等纳入同一个模型分析，在实证研究过程中，也有农户生产、农户消费剥离开来，分开讨论。从农户生产角度分析农户行为也要涉及农户意愿、农户决策、农户心理需求等方面，另一部分主要分析农户投入产出、农户的成本利润。将农户所有行为均纳入模型研究，有的围绕农户生产、消费、市场、雇用劳动外部冲击等影响变量综合考虑一般均衡模型（CGE模型）或者动态模型进行分析，主要想得出不同行为之间的相互影响，构建一个动态影响模型，探讨出一个规律性的经验。而本研究主要探讨的是农户行为中的生产行为，在甜瓜生产中，农户生产形式是最主要的生产方式。根据恰亚诺夫在《农民经济组织》中的观点，农户在甜瓜生产中的一系列行为也具有其特点，需要以农户行为模型为基础结合实际生产情况进行分析。

我国农业是以农户家庭分散经营为基础，农户微观行为动机和选择是分析和判断农业发展和改革的微观基础，农户行为也是我们研究的主要方面，特别是关于生产方面的行为。胡继连（1992）和马鸿运（1994）对农户投资、劳动组织、分配、消费、市场行为、借贷行为等进行实证研究。温铁军（2000）把农户经营行为和农村基本经济制度结合起来进行研究。林毅夫说明农户家庭承包经营制是导致农民自觉的生产行为的制度根源，农业生产总值增长大约有一半来自农户经营行为。史清华（2005）运用农村固定观察点的数据，实证分析了农户经济增长与农户经济行为的关系。以上这些研究是农户行为研究方法与农户模型结合我国实际情况进行的应用和检验。近些年来对于粮食等单品种的农户行为研究也不断增多（屈小博，2009；文长存，2017），对于农户环境友好型行为的研究持续增加。

2.2 关于农户生产行为的研究

2.2.1 关于农户种植意愿的研究

农户种植决策行为是重要的农户行为之一,国内外大量文献对农户某种农产品或某几种农产品生产意愿决策及品种种植决策调整进行研究。一部分学者的研究主要围绕产品价格对农户种植行为决策行为的影响研究,认为影响农户种植品种选择的主要影响因素为作物产量、上期销售价格或者预期收益、比较收益等,表现出农户趋利的特性。部分学者认为农业政策对农户种植决策影响较大,尤其是对粮食类作物(钟鑫,2016),祖辈传承、教育水平、合作组织、投入要素价格(包括生化类投入,例如农药、化肥等,以及劳动力投入等)对农户种植品种决策影响较显著(周清明,2009;王琛,2015)。比较特殊研究结论是认为集体决策会对农作物外部性、地块面积产生影响,从而影响农户种植意愿。近些年,由于受到生态环境约束不断加剧的影响,生态环境对瓜农种植决策的研究文献增多,对绿色、有机农作物种植意愿的研究也不断增加(赵晓阳,2017)。另外,对于农业种植结构调整的文献,多集中在玉米、棉花等领域,认为经济效益、政策引导、作业方式等是影响玉米、棉花种植意愿与结构调整的主要因素(祝华军,2018;余志刚,2018)。

对于蔬菜、水果、瓜类等园艺类作物,许多学者对其种植意愿进行研究,从影响农户生产决策农户特征、家庭经营特征、外部环境因素等方面分析农户种植决策,并分析影响农户生产决策的因素,最后提出了相关的政策建议(李维,2010;刘芳,2010;陈雨生,2010;文长存,2017)。以上研究的计量分析方法包括 GIS 分析、二元 Logistic 模型、多元有序 Logit 模型、Probit 模型、Tobit 模型等。综上所述,以往的文献多集中于研究农户从种某种农作物到不种某种农作物的决策分析,而对于已经种植地区农户扩大种植意愿的研究相对较少。本研究基于此,分析甜瓜种植户种植决策与动因,为产业结构调整提供微观实证分析。

2.2.2 关于农户技术选择行为的研究

从 20 世纪 60 年代开始,学者们开始运用实证研究的方法对农户技术选择行为进行研究,主要涉及资源要素禀赋和资源获得的公平性、技术实用性等多个方面。20 世纪 80 年代,国内学者开始运用定性研究的方法研究农业技术选择行为。关于影响技术选择的因素主要围绕农户个体特征因素、农户所处的外部环境、技术本身特征 3 个方面研究出发。对于农户特征,年龄、受教育水平、种植规模等因素对技术采用情况有显著影响(Wozniak,1993;Saha et al.,1994)。对于外部环境层面,左右农民技术选择的关键如下:价格刺激或价格政策、出口或市场销售政策、土地所有制和土地所有权问题、提供农村基础结构的政策、支持农业科研和推广等。而技术特性层面,一方面,在大部分发展国家中,负责推广的人员没有和技术研究联系起来,技术推广与研究断层,技术信息传递不准确。另一方面,技术研究人员不参与实践活动,研究出来的技术要么是落后技术,要么是不具备推广的技术,这些在一定程度上影响了农户选择技术的行为,同时也影响农户对新技术的采用信心。

国内对于农户技术选择行为主要分两大类,一类是通过地理学理论和案例分析为主,研究者面向典型地区,采用与被研究主体实地谈话和参与式的生活方式,了解农户对某种技术的看法,并由此归纳总结出其内在地理和行为规律;另一类是定量分析方法,基于效益最大化农户技术选择理论,运用对农户采用行为的因素做出分析的方法,而近些年国内文献多为第二类研究。由于农业生产资源约束不断加剧、农业生态环境恶化,近几年对于节水、节肥、减施农药等绿色农业生产技术选择行为的研究不断增多(郑旭媛,2018;刘乐,2017;左喆瑜,2015),对食品安全的关注提高(钟文晶,2018),对于环境友好型技术的选择行为研究不断加强。本研究基于此,对于甜瓜种植户技术需求与新技术采用行为进行探讨,分析环境友好型技术采用的影响因素。

2.2.3 关于农户生产技术效率的研究

在耕地资源约束不断加剧的背景下,提高农业生产技术效率是增加作物产量的重要方式，作物生产技术效率直接影响农户成本收益与产业竞争力。最早开始生产技术效率的研究，分别基于投入角度、产出角度分析，认为农户在当前技术水平、一定的投入组合下，所有技术有效值构成生产前沿面。有研究人员仅对生产效率进行了分析，测度生产效率的方法最早由 Farrell（1957）提出，认为生产的技术效率由技术效率与规模效率构成，是实际产出与理论最大产出的比值，而这种技术效率又可以分为 2 类，即纯技术效率与规模效率。在一般情况下，农户首先利用现有的资源而不是对其重新组合，因此更多情况对效率的测量是针对纯技术效率（黄祖辉，2011），也是本研究的重点。

对效率的研究方法主要包括 2 种：一是 Charnes et al.（1978）提出的数据包络分析方法（DEA），属于非参数方法；二是有研究人员提出的随机前沿分析法（SFA），属于参数方法。与数据包络分析方法相比，随机前沿分析法较为稳定，不易受异常点影响，尤其是在分析充满噪声的农业数据时，随机前沿函数法对数据的拟合程度更优（Førsund，1980；Gong，1989；Coelli et al.，2005；刘天军，2013）（Fan，1991），但此种方法测算，需要基于一定形式的生产函数，包括 C-D 函数、超越对数生产函数。

对农业产业技术效率的研究国内外文献有很多，包括对某区域或者某国家整体农业技术效率的测算，并分析其影响因素（Kawagoe，1985；Vollrath，2007）。其中又进行不同视角研究对比，研究发现农业生产效率的高低受到区域技术发展程度的影响较大，受到劳动生产率的影响较小（Kawagoe，1985），耕地分配不公会导致农业生产效率产生较大差异（Vollrath，2007），几乎所有研究发现，提高农业生产效率，对于提高产业竞争力意义重大。另外，部分文献对于某种农作物品种或者某类农作物的生产效率进行测算，朱希刚等（1997）早在 20 世纪末就运用超越对数生产函数模型等方法研究农业技术效率，学者们主要关注的品种是粮食类农作物，包括小麦、玉米、水稻等，有的文献聚焦于农业政策、农业技术等因素对技术效率的影响（王琛 等，2015；高鸣 等，2016）。对于经济作物、园艺作物的生产效率的研究也比较多，例如，对不同规模、不同区域、不同栽培方式的蔬菜产业技术效率的研究（孔祥智，2016；章德宾，2018），还有对柑橘、苹果、猕猴桃、葡萄等多年生果品技术效率的研究。但是鲜少有文献对甜瓜等当年生园艺作物技术效率进行分析,尤其甜瓜具有高投入、高产出、栽培时间短、成本回收快等特性研究较少。本研究选取甜瓜农户生产经营情况数据,对甜瓜园艺作物生产效率进行研究。

2.2.4 关于农户风险认知与规避行为的研究

农业生产经营是一个风险过程,农民生产广泛存在着各种各样的不确定性(西爱琴,2006),这种不确定性包括产前、产中、产后,自然灾害引发的传统风险对产量波动的影响,以及随着农业经营环境的市场化,农户要承担起劳动力和商品市场波动的风险(Ellis,1987),同时社会因素、技术因素也是影响农户生产风险的因素,有学者认为,农业风险的分类分为典型和系统两大类,将农业风险分为生产风险、市场风险、货币风险、制度风险、融资风险、法律风险和融资风险七大类。由于农业受到影响因素较多,所以对其生产风险情况分析尤为重要,并且对于生产技术水平相对较低的发展中国家,农户受市场波动和贸易变化的风险将更加突出。对于甜瓜这类高效园艺作物,由于其生产食用方式单一,农户面对的风险更大,基于不确定性对于分析农户行为,对于产业未来发展具有重要意义。微观角度分析农户风险决策主要基于农户理性假设前提基础上的预期效用理论。除了最主要的自然风险(主要影响作物产量)以及市场风险(主要影响作物销售价格),也会面临政策、投入成本等方面的风险,并且由于存在农户特性、家庭经营特征、外部环境因素等的异质性,农户对于风险态度差异较大。高效园艺类作物小规模农户与其他规模相比风险波动较小,对于甜瓜产业主产区调研数据发现受价格波动影响相对较小,受到生产风险的影响较大。基于此,本研究关注的重点是甜瓜农户生产方面受到的风险。

对于农户风险规避方面的研究,认为对农业进行风险管理是对农业运用适当的手段进行风险源的有效控制,减少农业所受损失并力图使农民获益最大的经济活动。然而,当前的农业风险管理缺乏对农业风险进行整体化和系统化管理的局限(张峭 等,2016),需要对农业风险进行综合的分析,以风险管理目标为导向(宋雨河,2015;胡宜挺 等,2011),农业风险规避行为并没有形成一个理论的系统性研究。有研究将农业生产者面临的风险进行归类整理,分为事前措施、事后措施，事前措施包括多元化种植、采用保守技术与品种、兼业化行为；事后措施包括社会网络内风险统筹、跨时期消费平滑。这些都属于非正规的规避措施，也是我国研究比较少的领域，国内集中于参加保险、政府扶持等正规规避措施。本研究以此为框架对甜瓜农户风险规避方式进行分析。

2.3 关于园艺类作物的经济学研究

2.3.1 关于甜瓜生产方面的研究

2.3.1.1 国外关于甜瓜生产方面的研究

美国对甜瓜生产的研究比较全面，主要从成本、消费、贸易等方面进行研究。乔治亚大学教授乔治·博德将甜瓜生产总成本细分，通过建立世界通用的种植者生产运营盈亏分析表的方法进行经济计量模型拟合和估算，并以此来达到指导瓜农进行准确、合理安排生产的目的。对于国外地区，美国与日本是 2 种甜瓜生产方式的代表，美国土地资源相对丰富，劳动力资源稀缺，甜瓜等园艺作物生产主要以露地栽培为主，田间管理技术相对粗放，产业机械化程度较高；而日本与美国完全相反，属于劳动力密集，土地稀缺的国家，其园艺作物的生产方式属于集约型，栽培模式多以设施栽培为主，精细化田间管理、劳动力凝结程度较高，单产水平世界前列。由于消费习惯与饮食文化的传承，甜瓜作物中国产量、面积均占世界第一位，我国对甜瓜的生产研究相对较多，但是起步较晚。

2.3.1.2 国内关于甜瓜生产方面的研究

以甜瓜产业为代表的高效园艺类作物，销售价格与农户种植净收益较高，也是消费者多样化食品需求之一，种植面积逐渐增加，科研机构对优质品种选育、病虫害防治等方面的研究较多。早期对于甜瓜产业的研究，多数是探讨生产栽培模式，近年来，我国对甜瓜产业经济及农户生产行为的研究也日渐丰富。第一，主要集中于对全国以及主产区甜瓜产业发展的研究，提出区域化、规模化、品牌化、产业化的发展方式，具有代表性的成果为吴敬学团队，8 年来围绕西瓜甜瓜产业发展现状、世界西瓜甜瓜生产与贸易（孙玉竹，2017）、流通效率等方面进行了研究。对于主产区,研究人员主要围绕产业发展、技术选择、组织化程度等方面进行研究(谢文宝 等,2018;李宁,2016;郭争争,2014;王恒,2018;杨念,2018)。

以上国内外甜瓜产业发展研究多集中在宏观产业发展、区域布局、世界贸易等角度,生产方面多集中在讨论种植模式和区域品种分布等角度,研究大多侧重于定性和描述性统计分析,较少涉及定量领域的研究。近些年对甜瓜流通领域等方面有了一定的研究,但基本没有文献显示对农业生产的基本经济单位农户行为的研究。所以,本研究以甜瓜种植户为研究对象,深入分析甜瓜产业农户生产行为。

2.3.2 其他关于园艺类作物的经济学研究

与甜瓜相比,其他园艺类作物的研究范围较广,研究内容较多,从品种的角度分析,以祁春节团队为代表的柑橘产业研究(宋金田 等,2011;向云 等,2017),研究内容包括生产、流通、消费、贸易、价格等方面。以霍学喜团队为代表的苹果产业研究(乔志霞 等,2018;王静 等,2014;等)同样研究内容范围较广。蔬菜产业的研究内容更加丰富,以李崇光团队为代表对番茄、黄瓜等7种具有代表性的大宗蔬菜的生产技术效率进行研究,发现东部、中部和西部7种蔬菜的生产技术效率出现"中部塌陷"等现象。为了丰富甜瓜产业的研究内容,本书着重关注甜瓜农户生产方面的行为,为甜瓜产业的研究扩充微观研究基础。

2.4 本章小结

本章首先界定了农户、园艺作物的概念,并分析了甜瓜的经济学特性;其次对经典农户行为理论和相关的农户行为方面的文献进行了简要的回顾。具体包括农户种植意愿、农户生产技术选择行为、生产技术效率、农户风险规避等方面的研究,为后文的实证研究奠定研究基础。总体上看,对于农户行为的研究呈现出越来越微观化的趋势,研究边界越来越宽。国外学者对农户行为理论与实证研究做了有益的贡献。但甜瓜是我国主要的消费品,在我国居民膳食结构中占有重要地位，对于除中、日、韩等亚洲地区外，国外对甜瓜的实证研究主要关注欠发达地区。农户行为也是国内农经界关注的重点，国内已有研究具有以下特点：①基于理论角度，分析农户行为与农村经济体制的相互关系；②基于省级面板数据、农户调研截面数据，对农户行为进行实证研究，大部分文献的研究对象以传统的粮食作物为主，对于油料、花生等经济作物也有涉及，对于园艺作物的研究和柑橘、苹果、蔬菜的研究比较深入。但是对于瓜类作物，尤其是甜瓜，实证分析较少涉及。结合主产区调研情况，发现甜瓜作为高效园艺作物，具有高价值特性，其销售渠道比较顺畅，基本不存在滞销的情况，反而在资源环境约束日益加剧的背景下，转变甜瓜生产方式，绿色生产、高效生产是本产业关注的重点。基于此，本研究以生产高效园艺作为甜瓜的农户为研究对象，结合农户经济学、诱致性技术变迁理论，构建基于高效园艺作物农户生产行为理论体系，识别高效园艺作物农户生产决策行为中存在的问题及行为偏好，以丰富农户行为理论，为提高园艺作物农户生产效率，转变高效园艺作物农户生产方式提供政策建议。

3 理论基础与研究框架

农户行为的重要性在于农户作为最主要的生产者和决策者,其行为必然直接影响农业生产效率与产业竞争力,同时影响农业政策的实施效率与政策制定方向。本章首先对农户行为经济学的理论基础和模型进行介绍,进而提出了一个包括生产决策、生产技术选择行为、生产技术效率、风险行为的农户生产行为分析框架,并对甜瓜的经济学特性进行分析,最后说明不同经营规模、不同地域作为研究视角的理由与划分依据。

3.1 农户行为的经济学理论基础

农户经济学理论最初是基于传统西方经济学(厂商理论与消费行为理论)分析小农户经济行为。对于发展中国家,农户是其农业最基本的生产单位,我国虽已在迈向现代农业的路程中,但是仍然不能摆脱以农业小农户为基本生产经营主体的现状,农业政策的制定离不开小农户行为的影响。因此无论是基于政策制定的角度,还是产业发展的角度,对农户生产行为的研究都是必不可少的。农户模型是描述农户与内部、外部各种关系的一般经济理论,是分析农户生产、消费、劳动力供给的综合模型。模型基本假设是农户效用最大化,认为农户生产经营决策的均衡条件是:①劳动力边际产出等于劳动力价格,也可以称为劳动力工资;②除劳动力以外的投入边际产出等于其平均价值;③农户消费自己产品和购买外在商品之间的边际替代率必须等于产出农产品价格与购买商品价格之比。具体表达式如下。

$$\text{Max} \quad U = U(X_a, X_m, X_l) \tag{3-1}$$

$$\text{S.T.} \quad Q = Q(A, L, V) \quad \cdots\cdots \text{生产限制} \quad (3\text{-}2)$$

$$T = X_l + T_f \quad \cdots\cdots \text{时间限制} \quad (3\text{-}3)$$

$$P_m X_m = P_a(Q - X_a) - w(L - T_f) - P_v V \quad \cdots\cdots \text{收入限制} \quad (3\text{-}4)$$

式中，U 为甜瓜农户总效用；X_a 为农户消耗自身生产的甜瓜；X_m 为从外部购进的商品；X_l 为瓜农对休闲时间的需求；Q 为甜瓜种植户总产量；A 为瓜农生产经营的耕地面积；L 为瓜农生产劳动力投入（包括家庭劳动投入与雇用劳动投入之和）；V 为瓜农生产中可变投入，包括农药、肥料、种苗、农膜等；T 为瓜农总储备时间；T_f 为瓜农用于种植甜瓜的时间；P_m 为从外部购买商品的价格；P_a 为产出的甜瓜价格；w 为雇用劳动力价格；P_v 为各项物质投入价格；$(L - T_f)$ 为雇用劳动力数量；$(Q - X_a)$ 为甜瓜市场销售量。

将式（3-2）和式（3-3）代入式（3-4），如下：

$$P_m X_m + P_a X_a + w X_l = wT + P_a Q - wL - P_v V \quad (3\text{-}5)$$

上式（3-5）左边表示瓜农总支出，右边表示瓜农总收入。为了考察农户最终目标，即效用最大化，通过农户某一种项目效用最大化来切入，以此决定其总的行为，从劳动力投入条件考虑：

$$P_a \partial Q / \partial L = w \quad (3\text{-}6)$$

$$L^* = L^*(w, P_a, A, V) \quad (3\text{-}7)$$

将式（3-7）代入式（3-5）可得：

$$P_m X_m + P_a X_a + w X_l = Y^* \quad (3\text{-}8)$$

式中，Y^* 为利润最大化条件下甜瓜种植户总收入，此条件下甜瓜种植户效用最大化条件如下：

$$\begin{cases} \partial U / \partial X_m = \gamma P_m \\ \partial U / \partial X_a = \gamma P_a \\ \partial U / \partial X_l = \gamma w \end{cases} \quad (3\text{-}9)$$

将式（3-9）联立方程组代入式（3-8），得到标准的农户需求曲线：

$$X_i = X_i(P_m, P_a, P_v, w, Y^*) \quad i = m, a, v, l \quad (3\text{-}10)$$

甜瓜种植户的需求（包括生活、生产两方面的需求）受到价格、工资、收入的影响，而农户收入受到其生产经营行为的影响，从而影响消费，因而甜瓜农户的消费行为受到其生产经营行为的制约。式（3-10）的模型除了反映出传统的商品价格影响农户需求以外，还能说明农户产出农产品价格增长带来的生产利润增加对农户的影响。

基于拉格朗日方法解方程组（3-1）、（3-2）、（3-5），结果为：

$$G = U(X_a, X_m, X_l) + \gamma(wT + P_aQ - wL - P_vV - P_mX_m - P_aX_a - wX_l) + \mu Q(A, L, V) \quad (3-11)$$

求一阶导数，结果为：

$$\partial G/\partial X_a = U_a - \gamma P_a \quad (3-12)$$

$$\partial G/\partial X_m = U_m - \gamma P_m \quad (3-13)$$

$$\partial G/\partial X_l = U_l - \gamma_w \quad (3-14)$$

$$\partial G/\partial \gamma = w(T - L - X_l) + P_a(Q - X_a) - P_mX_m - P_vV \quad (3-15)$$

$$\partial G/\partial L = \gamma(w - \mu Q_l) \quad (3-16)$$

$$\partial G/\partial V = \gamma(P_v - \mu Q_v) \quad (3-17)$$

$$\partial G/\partial \mu = Q(A, L, V) \quad (3-18)$$

求解一阶导数为零，可以得到农户生产、消费、劳动投入的最佳值。对于实际研究，农户消费决策一般受到农户生产经营收入的制约，研究小农经济学实际模型中，往往将农户生产独立出来，先行估算。并且在农户生产经营项目2个以上，但还要研究农业政策对某项农产品影响时，还可以将式（3-2）变为包含多项农业生产函数：

$$G = (Q_1, \cdots Q_n, V_1, \cdots V_m, A_1, \cdots A_k) = 0 \quad (3-19)$$

式中，Q 为农户生产经营产出；V 为可变投入，例如肥料等；V 为固定投入。这可以反映出某项政策变动对某种农产品以及其他农产品的影响。本研究以此理论为基础，将甜瓜种植户生产行为独立思考，分析瓜农生产行为。

3.2 农户生产行为分析框架

3.2.1 农户行为理论

对于农户行为理论研究，自给小农学派、理性小农学派、有限理性学派、历史学派。各理论学派对农户是否理性的假设，受到其历史局限，也因研究方法、研究对象的不一致，而得出不同的研究结果（详见第 2 章）。基于前人理论的总结结合中国国情，与中国特色相结合，农户理论进一步发展（邓大才，2006），认为农户行为具有特殊性，资源禀赋决定了农户行为目标多样性。本研究综合以上研究，认为甜瓜农户相对具有"理性"，生产主要目标为利润最大化。分析农户生产行为，基于行为经济学分析框架，认为农户的生产活动是有计划的行为，是基于外界环境反馈产生出的需求，从而产生某种生产动机，最后采取某种生产行为，达到想要的结果将这个理论进一步完善，提出了计划行为理论（图 3-1），认为行为受到直接的意向决定，并受主观规范与行为态度的影响，还受到个体感知完成难易程度的影响（知觉行为控制）。本研究以农户行为理论与计划行为理论为研究基础，2 种理论贯穿主体研究章节。

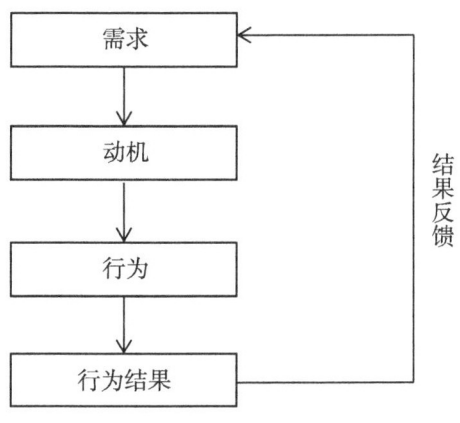

图 3-1 行为一般模式

3.2.2 外部性理论

外部性理论最初由著名经济学家马歇尔提出，而后被不断完善，曼昆认为外部性也可以引申为个人行为对他人行为的影响。对于本研究，在涉及环境友好型技术选择部分，外部性理论起到了引导作用。对于农户，使用环境友好型生产技术行为，使其他农户或者生态环境获益，说明技术产生了正外部性；而采用环境破坏型生产技术的农户，对其他农户或者生态环境造成了损害，影响他人或者社会的利益,说明技术产生了负的外部性;对于政府,推广环境友好型生产技术(给予补贴或者强制要求)付出了一定的成本,对于社会整体产生了正外部性。外部性的产生实质上是个人成本收益与社会整体成本收益的不一致,由于外部性会导致市场失灵,对于环境友好型技术的采用可能引发成本收益不平衡,会导致瓜农不会主动采用环境友好型技术,当甜瓜种植户采用环境友好型技术时,技术带来的农户边际成本要高于社会边际成本,农户最优产量降低,农户技术主动性减弱。而解决这一问题的传统方法有政府干预,即政府给予采用环境友好型技术的农户补贴,以弥补成本差异;另一种方法是降低环境友好型技术整体的边际成本或者提高采用环境友好型技术后得到的利润。这种方法需要依靠科技进步,需要市场的引导。

3.2.3 农户技术效率与技术选择行为理论

新古典经济学从农户个人决策角度出发,认为农户生产决策行为主要考虑投入与产出的技术关系,即不同投入水平所达到的产出量大小,一般用生产函数表示;生产投入要素之间的关系,即生产一定产品所需要的不同要素投入组合的最优判断,一般用技术替代表示。微观经济分析农户生产,一般从这2个角度解释农户生产技术行为,即考察投入产出的生产函数,测定生产效率;考察要素替代的技术选择,而只要农户存在2种以上的要素投入选择,就会产生要素替代行为。依据新古典经济学理论,农户产量的变动可能受到投入要素结构变动和技术进步双重影响,而这些技术要素投入的影响,主要由投入成本表现。当其他不变时,某种要素价格增加时,总成本保持不变,产品产出就会下降,这也称为产量效应;如果想保持产量不变,则要追加成本支出,或者采用其他相对价格低的要素替代。1932年希克斯在《工资理论》首次提出了"诱致性技术变迁"概念;之后舒尔茨(1964)将"技术"概念引入农业发展中,但这种技术的内涵与来源并没有进一步讨论;国外学者长期合作研究农业发展理论,在前人的研究基础上提出了诱导技术变革理论以及诱导技术发展模型,核心思想为农业技术进步与制度变革是由要素禀赋的相对稀缺性诱导的,即为了促进相对充足、廉价的农业生产要素替代相对稀缺、昂贵的要素,特别是替代土地、劳动力这两项投入。正是这种替代需求诱导了农业技术进步。

在土地相对稀缺的国家（地区），由于土地数量相对较少，会诱使市场出现替代土地的要素，例如创新替代土地的生物化学型技术。在此情况下，农业技术进步模式的移动轨迹向替代土地要素的农业生物化学型技术进步模式发展。在劳动力相对稀缺的国家（地区），由于劳动力价格相对较高，会诱使市场出现相对廉价的要素替代农业劳动力，例如创新农业机械型技术，农业技术进步模式的移动轨迹向替代劳动要素的农业机械型技术进步模式发展。本研究选取的甜瓜属于劳动密集型农作物，其劳动替代技术需求较高；而调研地区山东相对于新疆、陕西，属于土地稀缺地区，其土地替代技术，即肥料、种子投入提高产出率技术需求相对较高；对于环境友好型技术，当技术投入产生的收益大于技术投入生产成本时，农户才会主动选择该技术的应用，否则只能依靠政府介入。

综上所述，技术选择会影响甜瓜种植户的生产决策，技术选择行为的研究是农户生产的重要研究内容；同时技术效率是能体现生产率的重要指标。本研究对甜瓜种植户技术选择与技术效率进行重点研究。

3.2.4 农户风险规避行为理论

农业的自然属性必然导致从事农业生产的人要面对更多的风险，农业生产者对风险的态度直接导致其风险规避行为的选择，并且影响农户生产决策。"风险"一词主要来源于"不确定性"，农户风险是由于农业不确定导致农户产出与收入波动或者不稳定，从而影响农户生活的情况。由于风险的存在，农户在面对农业生产的不确定性时需要做出相应的决策，这也影响着农户生产决策与生产行为。由于发展中国家农户集生产、消费2个特性于一身，面临生产风险与生活风险的双重特性，本研究仅针对甜瓜种植户的甜瓜种植生产风险进行分析，分析框架主要分为3个层面，即甜瓜种植户风险认知、风险态度、风险规避行为。

与大田作物相比，甜瓜农户市场化程度更高，面临的生产风险种类更多，多样性与复杂性是其特征。具体可分以下风险。①自然风险（包括天气灾害，例如大风、暴雨、洪涝、干旱、冷害等；各种病虫害等；地质灾害，例如土壤盐碱化、塌方、泥石流等），这种风险是农业普遍存在的风险，由自然决定的。②市场风险(包括销售价格不确定性;生产资料市场风险,例如种子、农药、肥料等价格上涨与质量风险;土地市场风险,例如地租价格上涨、租赁违约等;劳动力市场风险,例如工人雇用困难、价格上涨等),这种风险是全世界农业从业者普遍面临的风险,对于中国大田作物市场风险相对较小,而甜瓜等园艺作物面临的此种风险相对较高。③金融风险(包括资金投入风险,例如资金投入不稳定、不连续等;贷款风险,例如继续投入资金时无资金获取渠道、贷款困难等;农业保险风险,例如甜瓜种植户没有相关保险、保额不足等),对于采用现代生产技术的高投入农作物,这种风险存在的可能较大,例如设施栽培的甜瓜种植户,其大棚、农膜投入比重占总投入比重较高,会出现资金投入风险。④社会风险(包括道德风险,例如收购商恶意压价隐瞒甜瓜市场信息、农资销售商销售假农药、假种子等不良行为;政策风险,例如农业结构调整,导致甜瓜种植问题,或者政府支持政策变化影响农户生产等;食品安全风险,例如环境污染、食品安全事件导致甜瓜生产经营风险等;土地流转环境风险,例如甜瓜种植户想租地租不到,或者不能长期稳定地租到土地等),此种风险在政策环境相对稳定的地区,对农户生产影响较小。⑤技术风险(包括技术应用风险,例如管理技术水平不足、不适用种的甜瓜,导致产量降低等),技术风险是科学技术发展进步的副产物,是农户技术水平的局限性或者使用不当而导致的。

经济学家对个人面对风险的态度进行分类,大体为:风险规避、风险中立、风险偏好3种类型。部分经济学家认为可以用定量方法研究风险态度,例如运用财富或收入的效用函数、相关预期函数进行确定,还有的给定了一个风险规避系数指标,以确定风险态度。对于农业行业来说,几乎所有研究者认为农户,尤其是小农户,其风险态度大多为风险规避型农户,其风险偏好系数很低。对于农户风险的测度,近些年有些文献采用实验法进行测定。本研究由于调研条件的局限性,选取农户面对新技术、新品种的采用时机作为风险态度的测度指标。

风险态度决定农户生产投入组合的选择,也决定了农户选择什么样的风险规避措施。农户应对风险的措施主要为:①事前行为,是指农户考虑到生产风险,为了预期获取最大效益采取的措施,例如多元化种植、合约生产、采用保守技术、保守品种、兼业行为等;②事后行为,是指农户在风险发生后采取的规避、转移风险的措施，例如社会网络统筹、跨时期消费平滑等方式；③正规风险规避措施，是指正规渠道下，农户规避风险的方式，例如，社会保障、商业保险、政府风险保障政策等。总体而言，在农业领域，尤其是高效园艺作物产业领域，正规风险规避发展比较缓慢，瓜农通过正规渠道应对风险的水平还比较低，以上为风险行为的研究框架，整体说明见图 3-2。

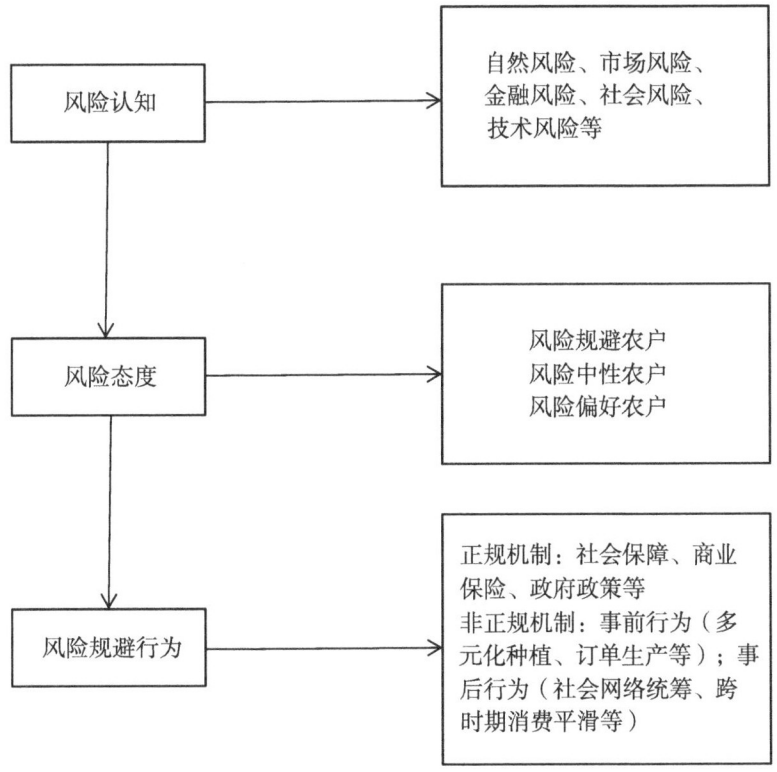

图 3-2　农户风险行为分析框架

3.3　甜瓜生产的经济学特性

对于某种单一农产品的研究，有必要从经济学视角分析其生产特性。甜瓜生产用途主要为鲜食甜瓜，新疆部分地区进行晒干加工，但目前我国绝大多甜瓜品种为鲜食，本研究的甜瓜也是针对鲜食甜瓜种植户。

3.3.1 甜瓜销售品种的多样性

甜瓜又称香瓜、哈密瓜等，其品种多样化，包括果实颜色、果肉颜色、果实大小、果皮薄厚等方面，从大小、颜色、形状、瓜瓤、味道等方面差异较大，园艺上分为数十个品系，各地区对于甜瓜的称呼也呈多样性，种植果期多为夏秋，在我国栽培历史悠久。销售品种的多样性对农户甜瓜生产品种投入产生一定影响，以市场需求为导向的品种种植可能导致信息滞后，即上期售价较高的品种，本期可能因为上市量增多而使收购价格下降，多样性一定程度上导致农户生产不确定性。

3.3.2 甜瓜生产的劳动密集性

甜瓜等园艺类农产品共同的一个特征是劳动力投入高于土地密集型的粮食、谷物种植，这些农产品的生物特性和生产特征，导致生产过程是一种精细密集化的耕作或管理模式，劳动力价值的凝结较高。除此以外，甜瓜产业对于吸收农村剩余劳动力，具有一定的作用。

3.3.3 甜瓜生产的资产专用性

甜瓜作为一种经济价值较高的水果类作物，与粮食作物生产相比，其生产销售有很强的特殊性，这种特殊性主要体现在资产的专用性。甜瓜生产经营过程中的资源专用性主要表现在2个方面。一是甜瓜果实用途的资产专用性。甜瓜主要用来鲜食，用途比较单一，且不耐储藏，这种特性导致在甜瓜集中上市时期，价格波动较大。二是甜瓜生产农户的人力资本的专用性较强。甜瓜的栽培、授粉、病虫害防治、采摘等工作的技术性、技巧性较强，需要长期实践的积累或专门培训。

3.4 研究视角：不同生产规模与不同区域

3.4.1 不同生产规模分析视角的划分

农户生产行为涉及农户生产的多个方面，由于不同情况下农户生产行为存在较大的差异,所以选取合理的研究视角,分析甜瓜农户行为的异质性十分必要。选取不同规模甜瓜种植户,主要从以下角度:①不同规模甜瓜种植户成本收益不同;②不同规模甜瓜种植户生产效率不同;③不同规模甜瓜种植户面对市场风险态度不同。基于此,不同规模的选取指标可以是种植面积、投入量、甜瓜产量、甜瓜产值等。由于种植面积指标获取较容易,并且获取的数据准确性较高,可以比较真实、科学地反映农户的规模,参考以往不同的研究资料,选取种植面积为衡量不同规模甜瓜农户的指标(Robert et al., 2005;史清华,2001;屈小博,2009)。

本研究借鉴已有研究的经验规模划分和实际调查中从事高效园艺作物农产品农户对经营规模的经验划分。国内文献研究对经营规模划分,将3~5亩(1亩约等于667m^2,1公顷等于15亩,全书同)以下分为小规模,8~10亩以上化为较大规模(史清华,2001),但对于新疆地区的农业生产规模(王宇 等,2018)的划分又存在不同。结合文献与高效园艺作物生产特性,依据调研区域新疆、陕西、山东实际生产规模,将本研究采用种植面积指标,将不同规模具体分为:4亩以下的小规模农户,4~8亩的中小规模农户,8~20亩的大中规模农户,以及20亩以上为大规模农户。

3.4.2 不同区域分析视角的划分

本研究的另一个视角是地域差异对比分析。由于不同地区的自然禀赋、农业气候状况、市场环境等不尽相同,不同地区农户种植的甜瓜品种、上市季节、栽培模式等方面存在差异。这些差异在统计上是否显著,不同地区农户甜瓜生产行为表现的差异又存在着趋同性。不同区域的分析视角,不仅有利于更加深入地分析农户生产行为,也为我国甜瓜产业政策规划提供区域微观调研基础。而甜瓜露地栽培和设施栽培生产模式,在投入产出、上市时间、种植技术等方面有较大的差异,因此本研究基于不同种植模式来对比分析。

对于不同区域的选择,本研究选取两大优势产区黄淮海产区与西北产区的3个区域进行甜瓜农户生产调研,选取黄淮海地区中比较早开始甜瓜种植的山东,西北地区中传统的露地甜瓜生产优势区新疆,以及近几年甜瓜产业发展速度较快的陕西为调研区域。这3个地区在一定程度上可以代表我国甜瓜主产区生产情况。对于不同栽培方式的划分，分为露地栽培和设施栽培2种方式，但是栽培方式存在一定的区域性，例如，山东、陕西大部分地区采用设施栽培方式，新疆大部分地区采用露地栽培的方式，所以在章节某些部分仅分析区域的异质性。

3.5 本章小结

本章首先介绍了农户行为的经济学理论基础，然后结合第1章中基本概念界定与研究假设等，构建了包括生产决策、生产技术选择行为、生产技术效率、风险行为的农户生产行为分析框架。研究认为甜瓜生产具有品种销售的多样性、生产的劳动密集性、生产的资产专用性、生产的高效性等经济学特性，并说明甜瓜种植户生产行为研究视角下的不同规模划分依据与不同区域分析选择的理由。

4 甜瓜产业发展情况与农户种植决策行为分析

随着收入水平的不断提高,以水果蔬菜为代表的园艺类作物,在我国居民膳食结构与日常消费中扮演越来越重要的角色。甜瓜作为瓜类水果的代表,产量与消费量一直保持世界第一的水平,是我国重要的园艺类作物,为实现农民增收发挥了重要作用。与其他作物相比,以甜瓜为代表的园艺类作物成本利润率较高,具有较好的比较收益,但是随着劳动力成本不断增加,化肥、农药、种子等生产投入要素价格不断上升,价格季节性波动等因素,导致比较效益下降。又因城镇化、工业化等因素,导致农民其他就业机会成本增加,农户分化、兼业现象加剧。这些因素直接影响农户种植甜瓜的积极性,决定着农户继续农业生产还是放弃,所以基于产业长远、可持续发展的角度考虑,分析影响农户种植甜瓜的因素十分必要,也符合十三五规划对"园艺类作物提质增效,优化特色农产品生产布局"的要求。微观农户的研究离不开宏观产业发展的大背景,所以在分析农户种植决策行为之前,有必要对甜瓜产业发展情况进行梳理,这是本章的第一部分;第二部分对调研区域情况与调研农户甜瓜种植基本情况进行分析;第三部分实证分析家庭禀赋、农户禀赋、环境禀赋等因素对瓜农种植决策行为的影响,以此探求影响瓜农种植决策的关键因素,为优化甜瓜生产结构调整提供微观生产基础研究。

4.1 我国甜瓜产业发展情况分析

4.1.1 我国甜瓜生产重心演变轨迹

本部分运用重心模型,对甜瓜生产重心移动方向和距离进行考察,对于探寻甜瓜生产区域结构演变轨迹、优化甜瓜区域布局，具有一定的现实意义。

4.1.1.1 研究方法

重心模型的优势在于探索要素空间变动，通过与区域中心的比较来测定高价值农产品生产分布的均衡状况，并分析要素重心位置偏离几何重心的方向和距离，可以直观和精准地揭示出该要素在二维空间上的分布规律和演化特征（荣慧芳，2017）。本研究基于重心模型理论，研究甜瓜区域生产量分布在空间平面重心点的移动轨迹，与甜瓜生产"高密度"区域，用重心坐标、重心移动方向和角度、重心偏移距离来衡量。

重心坐标：假设研究区域有 n 个单元组成，第 i（$i=1, 2, 3 \cdots n$）个单元几何坐标为（x_i，y_i），则区域内某种属性的重心坐标（$\bar{x}$，$\bar{y}$）可以表示为：

$$\bar{x} = \frac{\sum_{i=1}^{n} x_i \times m_i}{\sum_{i=1}^{n} m_i} \tag{4-1}$$

$$\bar{y} = \frac{\sum_{i=1}^{n} y_i \times m_i}{\sum_{i=1}^{n} m_i} \tag{4-2}$$

式中，m 为 i 单元的测量属性值。本研究选取中国 31 个省、直辖市、自治区，各省区地理坐标用 ArcGIS 10.2 中国行政区地理底图上提取的几何重心地理坐标表示，m 由各省区甜瓜总产量表示。

重心移动方向。假设第 t 年某种属性的重心坐标为（$\bar{x}_t$，$\bar{y}_t$），第 $t+1$ 年某种属性的重心坐标为（$\bar{x}_{t+1}$，$\bar{y}_{t+1}$），则第 $t+1$ 年相对于第 t 年重心偏移的角度 θ 表示如下：

$$\theta = \theta_{t+1} - \theta_t = \left[\frac{k \times \pi}{2} + \arctan\left(\frac{\bar{y}_{t+1} - \bar{y}_t}{\bar{x}_{t+1} - \bar{x}_t}\right) \right] \times \frac{180°}{\pi} \tag{4-3}$$

式中，$k = 0, 1, 2$，$\theta \in (-180°, 180°)$，将正东方向设定为 0 度，逆时针移动方向为正向，则（0°~90°）为东北方向，（90°~180°）为西北方向，（-180°~-90°）为西南方向，（-90°~0°）为东南方向。本研究重心移动方向表示由于政治社会变化、经济结构调整等因素导致高价值农产品生产重心变动，把多个时期重心坐标连接起来，便形成了该段时间内的重心轨迹，可以清晰观测高价值农产品生产重心的空间演变特征与变化趋势。

重心移动距离。假设 D 为相对于第 t 年，第 $t+1$ 年重心偏移距离（千米），表示如下：

$$D = A \times \sqrt{(\bar{x}_{t+1} - \bar{x}_t)^2 + (\bar{y}_{t+1} - \bar{y}_t)^2} \quad (4-4)$$

式中 $(\bar{x}_t, \bar{y}_t)$、$(\bar{x}_{t+1}, \bar{y}_{t+1})$ 分别为第 t、$t+1$ 年某种属性的重心坐标；A 为常数项，表示为地球坐标转化为平面距离（千米）的系数 111.11。

4.1.1.2 数据来源

为保证数据的完整性与连续性，本研究选取 2001—2016 年《中国农村统计资料》各省（区、市）甜瓜总产量，由于港澳台三地数据统计口径不一致，所以本研究各区域不包括港澳台三地。各省区地理坐标来自于 ArcGIS 10.2，中国行政区地理底图上提取各省级行政区几何重心地理坐标（表 4-1）。同时考虑到区域的差异性，将各省（区、市）的甜瓜优势区分为华南（冬春）、黄淮海（春夏）、长江流域（夏季）、西北（夏秋）、东北（夏秋）五大产区进行分析。

表 4-1 中国省级行政区几何重心坐标

省（区、市）	经度	纬度	省（区、市）	经度	纬度
黑龙江省	128.14	46.95	江苏省	120.51	32.22
内蒙古自治区	111.62	41.58	安徽省	117.23	31.83
新疆维吾尔自治区	85.18	41.12	四川省	102.71	30.62
吉林省	126.19	43.67	湖北省	112.27	30.98
辽宁省	124.05	41.55	重庆市	107.88	30.06
甘肃省	104.73	34.93	上海市	121.52	31.65
河北省	115.06	38.89	浙江省	120.04	29.17
北京市	116.41	40.18	湖南省	111.71	27.61
山西省	112.29	37.58	江西省	115.72	27.61
天津市	117.33	39.31	云南省	101.86	24.23
陕西省	108.37	33.78	贵州省	106.87	26.82

(续表)

省（区、市）	经度	纬度	省（区、市）	经度	纬度
宁夏回族自治区	106.16	37.27	福建省	117.97	26.08
青海省	96.00	35.75	广西壮族自治区	108.79	23.83
山东省	120.91	38.39	广东省	117.03	23.58
西藏自治区	88.44	31.49	海南省	109.74	19.19
河南省	113.61	33.88			

数据来源：ArcGIS 10.2 中国地图。

4.1.1.3 结果与分析

运用 ArcGIS 10.2 软件，将 2000—2016 年全国甜瓜生产重心经纬度坐标进行空间可视化操作，观测每年甜瓜生产重心的空间位置并将每年重心坐标点依次投影到平面坐标图并连接，得到 2000—2016 年甜瓜生产重心转移轨迹图（图 4-1）。同时将计算所得历年甜瓜生产重心代入式（4-3）、式（4-4）计算历年甜瓜生产重心的空间移动距离和移动方向（表 4-2）。

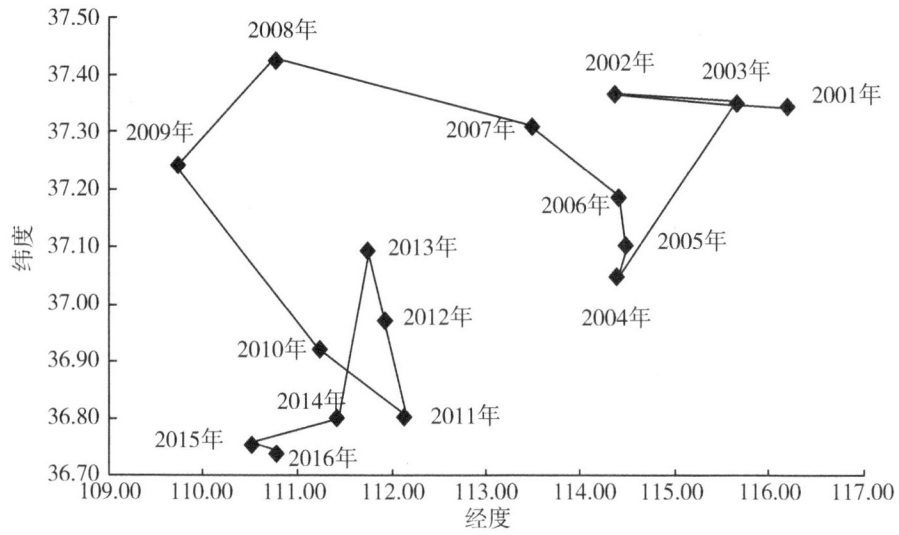

图 4-1　中国 2001—2016 年甜瓜生产重心变化轨迹

表 4-2 甜瓜生产重心移动距离和移动方向

年份	甜瓜	
	移动方向（°）	移动距离（千米）
2001—2002	179.23（西北）	201.76
2002—2003	-0.88（东南）	142.94
2003—2004	-166.79（西南）	146.65
2004—2005	25.63（东北）	14.57
2005—2006	140.45（西北）	14.12
2006—2007	172.11（西北）	103.46
2007—2008	177.54（西北）	299.92
2008—2009	-170.01（西南）	117.63
2009—2010	-12.10（东南）	172.43
2010—2011	-7.61（东南）	95.50
2011—2012	136.27（西北）	27.24
2012—2013	145.20（西北）	23.79
2013—2014	-138.66（西南）	49.89
2014—2015	-177.07（西南）	99.45
2015—2016	176.82（西北）	27.77

如图 4-1 所示，甜瓜生产重心 2001—2016 年同样呈现"东北—西南"的趋势，但移动轨迹和距离相对较大，累计移动 1 537.12 千米。整体来看，南北方向上，生产重心向南移动 67.03 千米，东西方向上，生产重心向西移动 602.32 千米，甜瓜向西南移动幅度更大。甜瓜重心 16 年间 11 次向西移动，移动频次 73.33%，每年平均向西移动 54.76 千米。具体来说，将 2001—2016 年甜瓜重心移动轨迹分为以下 3 个阶段。

第一阶段：2001—2004 年，甜瓜生产重心由（37.34°N，116.20°E）移至（37.05°N，114.39°E），总体移动了 204.28 千米，移动方向上经历了"西北—东南—西南"的转变，2001—2002 年朝西偏北 0.77°的方向移动 201.76 千米，

2002—2003 年向东偏南 0.88°移动 142.94 千米，2003—2004 年向西偏南 13.21°移动 146.65 千米。在这一阶段，甜瓜生产重心向西南方向偏移。

第二阶段：2004—2009 年，甜瓜生产重心由（37.05°N，114.39°E）移至（37.24°N，109.75°E），快速朝西北方向移动，移动距离 516.19 千米。在这一阶段甜瓜生产重心朝西北方向快速移动，主要移动方向为西方，向西移动距离为 515.72 千米，年均移动距离 103.14 千米，是甜瓜生产重心向西推进速度最快的阶段。黑龙江、吉林代表的东北地区进行产业结构调整，减小甜瓜等高效园艺类作物种植比重，扩大水稻等大田作物种植比重；反之，新疆等西北地区不断扩大甜瓜种植面积，甜瓜生产重心向西南推进。

第三阶段：2009—2016 年，甜瓜生产重心由（37.24°N，109.75°E）移至（36.74°N，110.78°E），朝东偏南 25.96°方向移动了 127.91 千米。这一阶段，河北、内蒙古、江苏、陕西、安徽等地区的甜瓜生产规模不断逐渐扩大，生产重心向东南偏移。

4.1.1.4 小结

研究以上甜瓜生产重心移动轨迹变动，发现 2001—2016 年我国以园艺类作物甜瓜为代表的高价值农产品生产重心移动轨迹呈现 2 个特点。第一，生产重心在经纬度上均有移动，在经度方向的移动程度大于在纬度方向的移动程度，即向西移动的程度大于向南移动的程度，生产重心主要向西部偏移。第二，受生产效率、区域农业生产结构调整等因素影响，生产重心移动轨迹呈明显的阶段性特征，不同年份移动速度不同，移动速度快的年份，说明农业结构调整速度较快；反之，则说明农业生产结构、规模变动较小。本部分主要说明主产区在 16 年间的空间转移，也是我们调研区域选择的根据。

4.1.2 我国甜瓜优势区域演变

根据生产作物种类、气候条件、产业规模等因素，将甜瓜生产区域分为 5 个产区，分别为华南地区（包括福建、广东、海南、广西），主要生产冬季、春季甜瓜；黄淮海地区（包括山西、天津、河北、山东、河南、北京），主要生产春季、夏季甜瓜；长江流域（包括四川、浙江、重庆、湖南、湖北、江苏、安徽、江西、上海、贵州、云南),主要生产夏季甜瓜;西北(包括宁夏、甘肃、陕西、新疆),主要生产夏季、秋季甜瓜;东北(包括内蒙古、吉林、黑龙江、辽宁),主要生产夏季、秋季甜瓜。

甜瓜生产逐渐向区域化、规模化发展。如表4-3所示,近些年,黄淮海地区与西北地区成为我国甜瓜主要优势产区,黄淮海地区是我国甜瓜生产的主要区域,山东、河南、河北甜瓜产量占黄淮海地区90%以上,占全国甜瓜产量的30%左右。甜瓜生产发展速度最快的为西北地区,占全国产量比重,由2001年的9.81%增加到2016年的26.55%,涨幅171%。东北地区、长江流域甜瓜生产比重不断降低,黑龙江等地区甜瓜生产规模不断缩减,江苏、湖南、浙江等地甜瓜生产规模增长速度较慢。

表4-3 2001—2016年甜瓜五大区域生产比重走势 (单位:%)

年份	黄淮海地区	东北地区	长江流域地区	西北地区	华南地区
2001	30.69	29.33	27.32	9.81	2.84
2002	29.70	26.86	25.87	14.49	3.08
2003	31.52	27.31	26.00	11.81	3.37
2004	34.82	23.11	23.49	15.01	3.55
2005	36.38	23.78	21.45	14.33	4.06
2006	37.96	24.01	19.78	14.75	3.51
2007	35.38	24.58	19.18	17.37	3.49
2008	34.32	20.64	17.25	24.68	3.12
2009	33.88	16.54	18.24	27.98	3.36
2010	36.24	17.65	18.42	23.84	3.85
2011	39.47	18.12	17.94	20.79	3.68
2012	36.97	18.65	17.76	22.94	3.68

(续表)

年份	黄淮海地区	东北地区	长江流域地区	西北地区	华南地区
2013	36.18	19.36	17.59	23.23	3.64
2014	36.23	17.02	18.05	24.89	3.82
2015	35.11	14.75	19.16	27.01	3.97
2016	35.61	15.38	18.61	26.55	3.85

数据来源：中国农业统计资料。

4.1.3 甜瓜十大主产省变动情况

2016年中国甜瓜产量前十位的省（区）是：新疆、山东、河南、河北、内蒙古、江苏、陕西、黑龙江、安徽、吉林，占全国甜瓜总产量的77.55%，排名前五位的省（区）甜瓜产量占全国总量的57.19%，产业集中度较高。甜瓜以华东、中南、西北三大产区为主，2016年华东六省一市甜瓜播种面积为12.47万公顷，产量434.1万吨，分别占全国的27%和28.4%；中南6省甜瓜播种面积为11万公顷，产量为311.1万吨，分别占全国的23.9%和20%；西北地区甜瓜播种面积扩大到12.28万公顷，产量增长到412.4万吨，其中新疆甜瓜产量292.0万吨，占全国总产量的18.9%，近些年陕西省产量甜瓜增幅最大，6年内产量增幅达到91.25%，2016年排名跃居全国第七位。

纵向对比甜瓜产业大省，2001年中国甜瓜产量前十位的省（区）是：黑龙江、山东、河南、新疆、吉林、湖北、江苏、湖南、辽宁、河北（表4-4），占当年全国甜瓜总产量的79.59%。进入21世纪后，东北地区逐渐收缩甜瓜生产，2001年全国甜瓜产量第一位的省份为黑龙江，产量与播种面积分别为100.54万吨、52.10千公顷；2016年黑龙江甜瓜产业排全国第八位，产量与播种面积分别为69万吨、23.75千公顷，产量面积均呈下降趋势。以新疆为代表的西北地区逐渐发挥自然优势，成为甜瓜主产大省；河北、山东、河南不论在产量、面积、单产都处于全国前列，2016年河北、山东、河南单产分别为55 329千克/公顷、46 891千克/公顷、40 252千克/公顷，单产水平位列全国前三位。

表 4-4 2001—2016 年我国甜瓜主产地区排名情况

（产量单位：万吨；面积单位：千公顷）

产量排名	2001 年			2005 年			2010 年			2016 年		
	地区	产量	面积	地区	产量	面积	地区	产量	面积	地区	产量	面积
1	黑龙江	100.54	52.10	山东	145.49	40.48	新疆	222.58	69.44	新疆	292	82.21
2	山东	99.83	29.73	河南	120.50	41.43	河南	185.79	49.46	山东	230	49.05
3	河南	74.89	26.47	新疆	95.58	36.02	山东	182.37	44.33	河南	211	52.42
4	新疆	56.86	26.55	黑龙江	88.33	41.78	河北	65.72	15.42	河北	122	22.05
5	吉林	53.24	26.40	吉林	48.23	20.47	黑龙江	62.25	23.54	内蒙古	80	23.94
6	湖北	49.32	19.74	内蒙古	43.41	12.85	江苏	59.36	21.18	江苏	76	26.95
7	江苏	47.83	17.59	江苏	42.36	17.46	内蒙古	57.91	15.39	陕西	73	21.39
8	湖南	41.79	26.80	河北	38.65	11.39	辽宁	48.23	13.04	黑龙江	69	23.75
9	辽宁	34.89	17.82	湖北	38.28	14.25	吉林	48.11	19.63	安徽	63	19.74
10	河北	31.77	13.03	安徽	35.75	14.03	安徽	43.59	14.17	吉林	52	19.39

数据来源：《中国农业统计资料》。

4.2 调研区域甜瓜生产情况分析

4.2.1 调研区域甜瓜产业基本情况

甜瓜是我国重要的园艺类作物，2016 年我国甜瓜总产量为 1 635 万吨，播种面积为 481.9 千公顷，单位面积产量为 33 929 千克/公顷，近 20 年间甜瓜呈平稳增长趋势，与 2001 年相比产量、面积、单产分别增加 120.20%、46.07%、50.75%，甜瓜产量的增加受到播种面积、单产上升的双重影响。由于甜瓜生产重心向西南方向偏移，黄淮海地区、西北地区生产优势明显，本研究选取黄淮海地区中比较早开始甜瓜种植的山东、西北地区中传统的甜瓜生产优势区新疆，以及近几年甜瓜产业发展速度较快的陕西3个地区为调研区域。比较3个调研区域，2016年新疆、山东、陕西甜瓜总产量分别为292万吨、230万吨、73万吨，分别位于全国各区产量的第一、第二、第七位，与2001年相比，产量提高了413.54%、130.39%、1927.78%（图4-2），年均增长速度分别为27.57%、8.69%、128.52%。3个地区甜瓜产量一直保持增长趋势，其中陕西甜瓜产量增长速度最快。

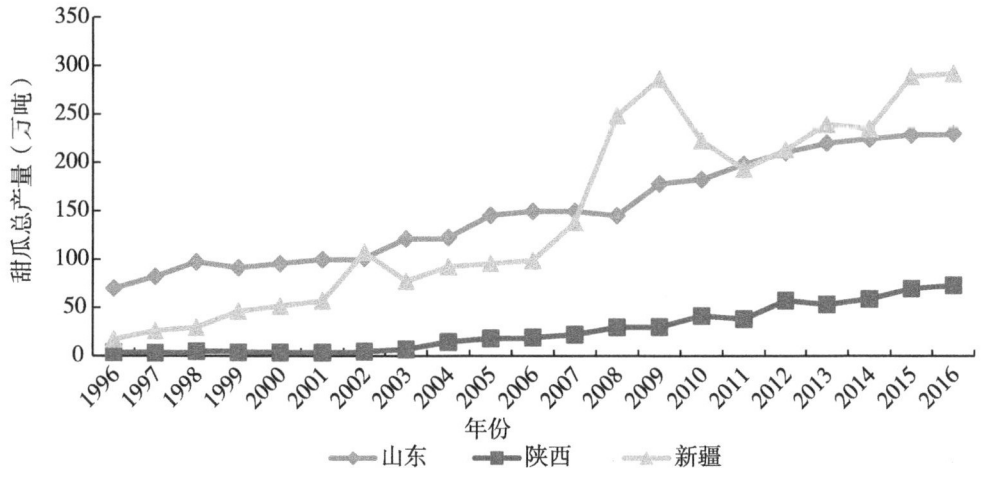

图 4-2　1996—2016年调研地区甜瓜总产量变化

（数据来源：《中国农业统计资料》）

20年间，新疆、山东、陕西甜瓜播种面积整体呈增长趋势，新疆甜瓜播种面积在2002年、2010年呈波动状态，山东甜瓜播种面积2013年后趋于稳定，陕西甜瓜播种面积稳定增长，但近2年增长速度变缓。2016年新疆、山东、陕西甜瓜播种面积分别为82.21千公顷、49.05千公顷、21.39千公顷（图4-3），分别位于全国各省播种面积的第一、第三、第九位。与2001年相比，播种面积提高了209.64%、64.98%、581.21%，年均增长速度分别为13.98%、4.33%、38.75%。山东、陕西甜瓜播种面积近些年趋于平稳，新疆地区播种面积呈增长趋势，但增速变缓。

从单产水平看，调研三省中，山东省单产一直保持较高的水平，这与区位

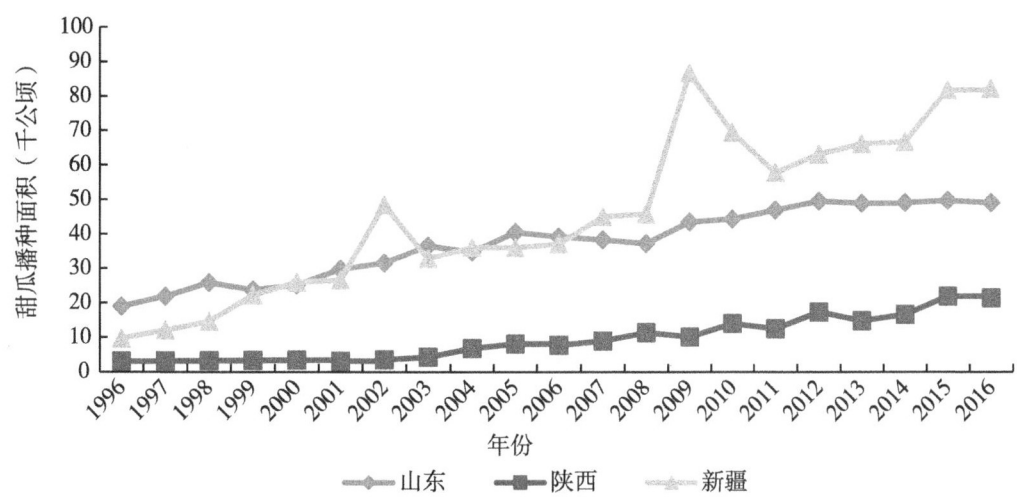

图 4-3 1996—2016 年调研地区甜瓜播种面积变化情况

（数据来源：《中国农业统计资料》）

自然优势、技术进步等因素相关。受北京、天津等科研优势区技术溢出与扩散效应影响，河北、山东、河南在 20 年来一直保持甜瓜单产高水平优势，2016 年甜瓜单产分别为 55 362 千克/公顷、46 830 千克/公顷、40 283 千克/公顷，单产水平位列全国前三位。西北地区新疆、陕西单产水平也不断提升，2016 年单产分别为 35 540 千克/公顷、34 101 千克/公顷，与 2001 年相比，单产水平提高了 65.95%、197.18%，陕西甜瓜单产提升速度高于新疆，2016 年陕西单产水平几乎与新疆持平。与其他地区相比，单产水平的提高，是陕西甜瓜产量不断提高的重要因素。

4.2.2 调研区域数据说明与瓜农种植动因分析

4.2.2.1 调研区域选择与数据说明

2016 年、2017 年秋季，依托农业部项目"国家现代农业产业技术体系：西甜瓜产业技术体系"，课题组围绕甜瓜种植户生产情况展开实地调研。结合甜瓜产业优势区发展情况与调研的可行性，选取黄淮海地区中比较早开始甜瓜

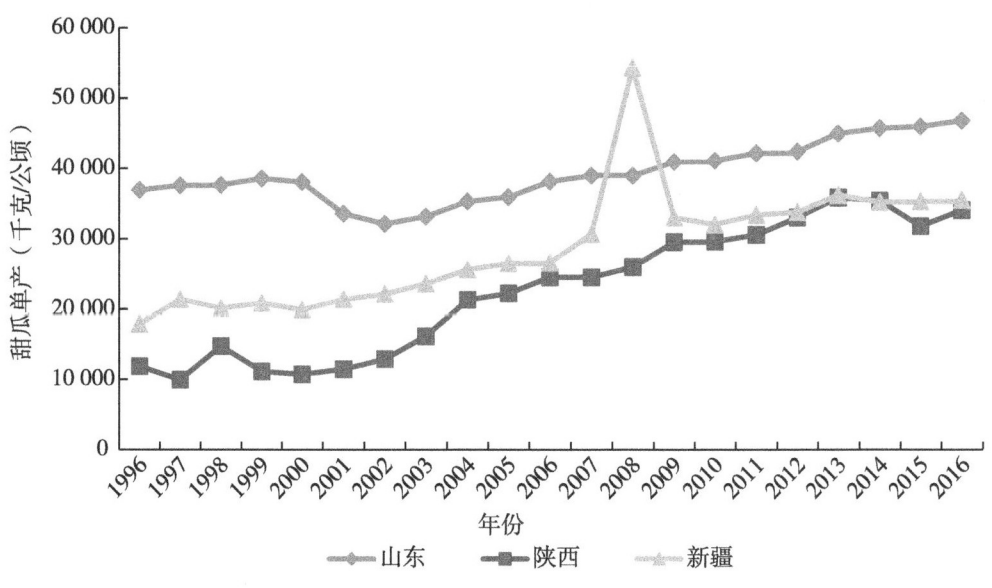

图 4-4　1996—2016 年调研地区甜瓜单产变化情况
（数据来源：《中国农业统计资料》）

种植的山东、西北地区中传统的甜瓜生产优势区新疆，以及近几年甜瓜产业发展速度较快的陕西3个地区为调研区域。20世纪80年代末期，山东开始进行甜瓜种植与推广，至今形成了以莘县为主的区域化、规模化产区，是我国优质甜瓜生产区域，形成了著名的区域公用品牌"莘县甜瓜"，其甜瓜生产能代表黄淮海地区的生产水平与特征。新疆是最早种植甜瓜的地区，其哈密地区盛产的"哈密瓜"之名可追溯到清朝，是著名的瓜果之乡，随着甜瓜品种的不断发展，新疆形成了以"哈密瓜"与"伽师瓜"为主的两大优势品种，是我国甜瓜的主要产区，2016年产量居各地区首位。甜瓜产业发展速度较快的陕西，近20年甜瓜产量年均增长速度居全国前列，2016年产量跃居全国第七位，代表了新兴的甜瓜产区。课题组围绕甜瓜种植户生产情况设计问卷，对新疆、山东、陕西地区瓜农进行调查，共获取问卷512份，剔除数据错误、缺失、异常等无效问卷，共获取有效问卷496份，问卷有效率96.88%，农户样本分布见表4-5。

表4-5 调研区域样本分布情况

省(区)	地区	乡/镇	样本数量
新疆	哈密	花园子乡	48
		南湖乡	53
	吐鲁番	恰特卡勒乡	17
		二堡乡	27
山东	莘县	河店镇	42
		魏庄镇	41
		燕店镇	47
	昌乐	乔官镇	41
陕西	渭南	大荔县	23
		富平县	56
		蒲城县	72
	西安	阎良县	29
—	合计	—	496

数据来源：基于调研数据整理。

4.2.2.2 农户甜瓜种植动因分析

基于调研数据，甜瓜种植户平均种瓜年限为14.23年，为挖掘甜瓜种植户初始种植因素，对农户进行调查。农户种植甜瓜初始决策的可选项目为：①以高收益为驱动因素的个人决策；②以技术传承为驱动因素的祖辈沿袭；③以跟随行为为基础的模仿亲友邻里种植；④以政策引导为基础的政府号召；⑤以解决剩余劳动力为目的；⑥以满足自家消费为目的；⑦其他。如表4-6所示，个人决策、祖辈沿袭、模仿邻里、响应号召这4种动因占主要因素，分别占调研样本数量的26.61%、23.59%、18.15%和28.23%。甜瓜种植初始动因呈现明显的区域差异，沿袭祖辈种植技术占新疆调研样本的61.38%，作为历史悠久的甜瓜种植区域，新疆甜瓜种植主要动因是先辈技术沿袭；响应政府号召占山东调研样本的59.65%，山东甜瓜产业的发展离不开政府引导，早在20世纪80年代末期至90年代初期，山东莘县政府农业部门领导层决定在地区培育特色优势产业并选定甜瓜为推广品种，是山东甜瓜产业发展的初始动因；利益驱动个人决策占陕西调研样本的51.67%，

21世纪后甜瓜价格不断上升,种瓜收益率不断增加,陕西地区农民以利益驱动为因素的基础上,在当地试验站等科研单位合作的推动下,甜瓜种植面积、单产、产量不断提升。受农户的认知能力与认知水平的限制,不同区域甜瓜种植户初始动因差异显著,但最根本的种植因素是受利益最大化驱动,农户种植甜瓜的行为以寻求最大收入为目的。

表4-6 调研区域初始种瓜动因分析

项目	新疆	山东	陕西	合计
1. 以高收益为驱动因素的个人决策	15(10.34%)	24(14.04%)	93(51.67%)	132(26.61%)
2. 以技术传承为驱动因素的祖辈沿袭	89(61.38%)	15(8.77%)	13(7.22%)	117(23.59%)
3. 以跟随行为为基础的模仿亲友邻里种植	35(24.14%)	23(13.45%)	32(17.78%)	90(18.15%)
4. 以政策引导为基础的政府号召	2(1.38%)	102(59.65%)	36(20.00%)	140(28.23%)
5. 以解决剩余劳动力为目的	0(0.00%)	0(0.00%)	1(0.56%)	1(0.20%)
6. 以满足自家消费为目的	0(0.00%)	3(1.75%)	2(1.11%)	5(1.01%)
7. 其他	4(2.76%)	4(2.34%)	3(1.67%)	11(2.22%)
调研样本合计	145	171	180	496

数据来源:基于调研数据整理。

针对甜瓜种植户近些年甜瓜种植面积调整的意愿,发现愿意继续扩大种植面积与不愿意扩大的样本相似,但区域差异较大。山东地区愿意扩大种植的样本数量,是该地区不愿意扩大种植的3倍,但愿意扩大种植的农户,大部分并没有达成这一意愿,主要因素为土地供给不足。对于陕西地区,近些年甜瓜播种面积不断扩张,产量持续增加,许多种植家庭已经形成了最适度的经营规模,如果扩大种植面积,家庭劳动力不足。另外,部分农户受到种植技术、市场价格信号等影响认为近些年甜瓜比效益低,所以不准备扩大规模甚至准备缩减甜瓜种植规模。而新疆地区不愿意扩大种植的主要因素是甜瓜成本效益连年下降,甜瓜与林业水果相比虽然有生长周期短、成本回收快等优势,但是同样有不宜储存、不宜运输等劣势。近些年受土壤质量与病虫害等因素影响,新疆部分地区甜瓜产出数量与质量下降,部分农户认为甜瓜种植效益下降,但受到技术专用性等因素的限制,暂时没办法调整种植品种,只能维持现有种植面积,但也不愿意再继续扩大甜瓜的种植。总体来看,在调研区域,甜瓜发展已经区域稳定,在现有人力资本、自然禀赋下,基本达到最适合的经营规模,播种面积不会出现大规模扩大或者减少趋势,而最主要的因素是劳动力不足(表4-7)。

表4-7 调研区域种植面积调整动因分析

项目	愿意	不愿意	不愿意扩大种植面积原因
新疆	80	65	成本效益连年下降、劳动力不足
山东	128	43	劳动力不足(愿意扩大,但不能扩大种植户原因是无土地)
陕西	61	119	劳动力不足,比较收益低
合计	269	227	劳动力、耕地资源、比较效益是影响种植决策的主要原因

数据来源:基于调研数据整理。

4.2.3 瓜农基本生产情况分析

在进入章节主体内容分析前,对调研地区甜瓜种植户基本生产情况进行描述与比较,通过对种植品种、栽培方式、种苗购买渠道、灌溉方式等基本情况样本数量与比重分析,可以比较不同地区甜瓜生产的共同特征与差异性,具体情况见表4-8。

表4-8 调研地区农户甜瓜生产基本情况

类别	项目	新疆(145)	山东(171)	陕西(180)	合计(496)
品种熟期	早熟	70(48.28%)	88(51.46%)	72(40.00%)	230(46.37%)
	早中熟	63(43.45%)	56(32.75%)	67(37.22%)	186(37.50%)
	中晚熟	9(6.21%)	9(5.26%)	30(16.67%)	48(9.68%)
	晚熟	3(2.07%)	18(10.53%)	11(6.11%)	32(6.45%)

(续表)

类别	项目	新疆（145）	山东（171）	陕西（180）	合计（496）
品种果型	大果型	35（24.14%）	52（30.41%）	49（27.22%）	136（27.42%）
	中果型	89（61.38%）	72（42.11%）	113（62.78%）	274（55.24%）
	小果/迷你型	19（13.10%）	46（26.90%）	16（8.89%）	81（16.33%）
	高档礼品瓜	2（1.38%）	1（0.58%）	2（1.11%）	5（1.00%）
品种瓜皮	厚皮	101（69.66%）	51（29.82%）	146（81.11%）	298（60.08%）
	薄皮	39（26.90%）	88（51.46%）	16（8.89%）	143（28.83%）
	厚薄混种	5（3.45%）	32（18.71%）	18（10.00%）	55（11.09%）
栽培方式	露地栽培	108（74.48%）	0（0.00%）	0（0.00%）	108（21.77%）
	小拱棚栽培	25（17.27%）	13（7.60%）	14（7.78%）	52（10.48%）
	中大棚栽培	6（4.14%）	92（53.80%）	165（91.67%）	263（53.02%）
	暖棚/温室栽培	6（4.14%）	66（38.59%）	1（0.56%）	73（14.72%）
种苗来源	自己育苗	111（76.55%）	85（49.71%）	151（83.89%）	347（69.96%）
	育苗大户购买	13（8.97%）	26（15.20%）	22（12.22%）	61（12.30%）
	合作社购买	6（4.14%）	15（8.77%）	6（3.33%）	27（5.44%）
	育苗公司购买	14（9.66%）	43（25.15%）	1（0.56%）	58（11.69%）
	农技站购买	1（0.69%）	2（1.17%）	0（0.00%）	3（0.60%）
灌溉方式	人工挑水	0（0.00%）	9（5.26%）	1（0.56%）	10（2.02%）
	漫灌	0（0.00%）	55（32.16%）	34（18.89%）	89（17.94%）
	沟灌	51（35.17%）	101（59.06%）	34（18.89%）	186（37.50%）
	喷灌	3（2.07%）	3（1.75%）	0（0.00%）	6（1.21%）
	滴灌	91（62.76%）	3（1.75%）	106（58.89%）	200（40.32%）
	膜下暗灌	0（0.00%）	0（0.00%）	5（2.78%）	5（1.01%）

数据来源：基于调研数据整理。

4.2.3.1 种植品种方面

甜瓜在我国栽培历史悠久，各地普遍栽培，但是甜瓜品种及其变种很多，因品种、区域习惯不同，有的地方将其称为"香瓜""哈密瓜""白兰瓜"等，我们的研究将其统称为甜瓜。按品种成熟度划分，调研区域生产早熟、早中熟的品种较多，分别占总调研样本的46.37%、37.50%。不同区域生产品种偏好一致，均以早熟、早中熟的品种占大部分，早熟、早中熟甜瓜品种生产周期短，收益见效快，结合甜瓜季节性价格波动大的特点，甜瓜种植户集中生产早熟、早中熟的品种，符合追求利润最大化的基本动因。

按品种果型大小划分，调研区域生产中型甜瓜比重较大，占总调研样本的55.24%。不同区域有一定的差异，新疆、陕西西北地区生产中果型、大果型较多，小果型（包括迷你型）占比重较小；但以山东为代表的华北地区，虽然以生产中果型甜瓜为主，占山东样本的42.11%，但对于大果型、小果型（包括迷你型）的生产同样比重较大，分别占山东样本的30.41%、26.90%。调研各地均有高档礼品瓜的生产，但占比都不大，而生产礼品瓜的农户，收益率是普通生产者的2~5倍。

我国新疆地区为厚皮甜瓜的起源地区，华北地区为薄皮甜瓜的起源地，按品种瓜皮薄厚划分，调研区域生产厚皮甜瓜较多，薄皮甜瓜次之。另外部分农户薄厚品种混合生产，3种生产分别占调研样本的60.08%、28.83%、11.09%，不同区域有一定的差异，新疆、陕西西北地区以厚皮甜瓜生产为主，新疆地区混种样本较少，陕西地区混种样本较多。山东地区以薄皮甜瓜生产为主，占山东样本的51.46%，生产厚皮甜瓜与混合生产的比重分别为29.82%、18.71%。山东地区农户多样化种植情况较多，在调研过程中农户有2个以上甜瓜棚的部分农户，会选择多种甜瓜品种的种植，这样既可以分散风险，又可以避免集中成熟时劳动力不足摘果不及时。

4.2.3.2 栽培方式层面

甜瓜栽培方式区域差异性很大，新疆甜瓜种植以露地栽培为主，占新疆调研样本的74.48%，由于新疆得天独厚的自然资源禀赋，其昼夜温差较大，具有水果生产的天然优势条件，而设施栽培又需要增加投入成本，所以依托优势自然资源的生产基础与生产惯性。与其他地区相比，新疆地区种植户设施栽培动力不足，但根据2016年、2017年调研情况，新疆部分地区受到病害、虫害、土地重茬等生产风险较大，部分农户种瓜收益出现负值，这也迫使新疆瓜农转变栽培方式，提高土地生产效率。陕西地区调研样本中全部180户为设施栽培，没有露地栽培的方式，其中以中大棚栽培为主要甜瓜种植方式，占陕西调研样本的91.67%，小拱棚栽培占比7.78%，采用暖棚（包括日光温室）栽培的仅有1户，占比0.56%。但是在调研过程中，大荔县部分地区以合作社为单位，社员集体修建暖棚设施，预计2018年投入使用，甜瓜产业在当地呈上升发展趋势。山东地区的种植模式处于调研地区乃至全国领先水平，均以设施种植为主，中大棚栽培、暖棚（包括日光温室）栽培占比分别为53.80%、38.59%，今后几年将继续扩大暖棚栽培模式比重。

4.2.3.3 种苗来源渠道情况

甜瓜种植过程中，种苗的培育是非常重要的环节。近些年随着甜瓜产业的发展，甜瓜生产各环节出现不同程度的专业化分工，瓜农种苗来源渠道呈多样化趋势，区域差异性较大。整体样本来看，瓜农以自己培育种苗为主，占调研样本的69.96%，购买种苗主要渠道为育苗大户、合作社、育苗公司，分别占比12.30%、5.44%、11.69%。新疆、陕西西北地区调研样本中80%左右的农户自己培育种苗，山东种苗来源多样化程度较高，自育比重仅49.71%，从育苗大户、合作社、育苗公司等购买比重为15.20%、8.77%、25.15%，山东、新疆等甜瓜产业成熟度较高的区域出现育苗公司等专业化程度较高的育苗机构的概率更高。种苗购买行为多以"抢早"为主要动因，即提前播种、提前成熟、提前上市，另一个重要原因是节省培育种苗期间的人工成本，而山东地区劳动力成本较西北地区高，这也是其购买种苗农户比重较高的重要因素。

4.2.3.4 灌溉方式层面

我国淡水资源日益短缺，增强农业灌溉效率是园艺类作物生产转型的主要方向之一。近些年，尤其是西北地区对于节水技术的推广应用效果十分显著，新疆、陕西甜瓜等园艺作物种植以滴灌为主要的灌溉方式，分别占其各地区样本数量的62.76%、58.89%，对于节水设施的使用范围很广，普遍认为虽然使用了节水设备，但是甜瓜种植的灌溉用水足够。山东地区以沟灌、漫灌为主要的灌溉方式，分别占59.06%、32.16%，虽然华北平原地下水资源十分紧张。在对山东地区农户调查农业灌溉用水缺乏程度时，几乎所有调查对象认为"本地不存在缺水情况，只不过水泵的抽水管每年都要加长才能抽到水"。在这种认知背景下，要想缓解华北平原淡水资源、提高农业灌溉效率，只能依靠政府政策的引导。

4.2.4 瓜农成本收益情况分析

对调研农户种植甜瓜的成本收益进行分析，种植收入用单产与平均价格的乘积表示，种植成本中物质成本参考成本收益统计年鉴项目，由种苗费、化肥费、有机肥费、农药费、农膜费、机械作业费、水费、设施折旧费等费用之和表示。由于甜瓜种植为劳动密集型产业，劳动力成本多为家庭劳动力提供，属于隐性成本范畴，而雇用劳动品种之间、区域之间差异性较大，在某些环节，例如授粉、吊蔓、采摘等，短时间内需要大量劳动力时，大部分农户需要雇用劳动力，但是雇用形式多样化。例如同村互帮型，即在劳动密集生产环节，同村人相互帮助，一段时间集中一户生产；山东等产业化发展速度较快的地区，在劳动十分密集的环节，形成了专业化服务部门，例如成熟期专业摘瓜队，按斤收取劳动报酬，这种形式减少了农户雇用成本，同样专业化的服务也提高了劳动效率。由于形式多样，导致劳动投入无法统一，量化比较困难，仅在调研过程中让农户估算每亩用劳动花费，而家庭劳动力投入属于隐性成本，不在本部分讨论范围。土地投入部分，大多数农户种瓜土地为自有土地，属于隐性成本范畴，新疆地区一些大规模农户有部分土地属于流转土地，数量占样本比重较小，所以本部分不再讨论土地投入成本。进行平均测算之前，先剔除样本变量的离群值。如图4-5、图4-6所示为样本农户平均销售价格与单产的箱形图，剔除离群值后，进行成本收益的估算。

4.2.4.1 不同区域成本收益情况分析

如表4-9所示，从整体来看，甜瓜种植物质投入结构中，肥料与设施费用占投入比重较高，分别为30.03%、28.87%，其中化肥与有机肥费用投入比重相差不大均占15.02%，种苗与农膜费用占比相似分别为13.30%、13.82%，水费、机械费用、农药费用投入占比较少分别为3.75%、2.71%、2.78%，雇用劳动投入占5.24%。不同区域甜瓜生产物质投入有一定的差异，新疆地区物质投入比重

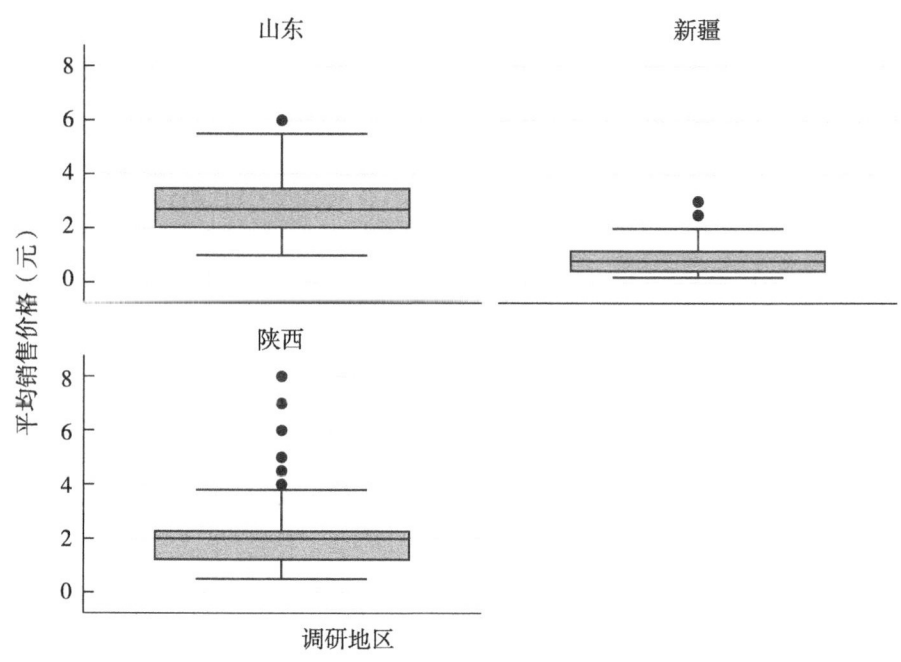

图 4-5 调研地区农户甜瓜销售价格箱形图

（数据来源：基于调研数据整理）

由大到小依次为肥料、设施费、种苗费、水费、农膜费、机械费、农药费，占比分别为 32.40%、21.93%、17.64%、14.77%、13.13%、9.28%、7.03%、3.45%、3.40%，劳动投入为 9.37%，新疆地区水费投入较大亩均投入 210 元，这与干旱地区水价政策相关。山东地区物质投入比重由大到小依次为肥料、设施费、种苗费、农膜费、农药费、机械费、水费，占比分别为 31.61%、29.57%、14.43%、13.32%、2.49%、2.07%、1.81%，与其他地区相比，山东甜瓜种植物质投入成本的绝对值远高于新疆、陕西两地，是新疆投入的 2.67 倍，是陕西投入的 1.69 倍。除水费绝对值较低外，其余物质投入项目绝对值均高于新疆、陕西，肥料、设施投入占比较大，2 项之和占总物质投入的 60% 以上。陕西地区物质投入水平介于新疆、山东二者之间，物质投入比重由大到小依次为肥料、设施费、农膜费、种苗费、水费、机械费、农药费，占比分别为 29.84%、

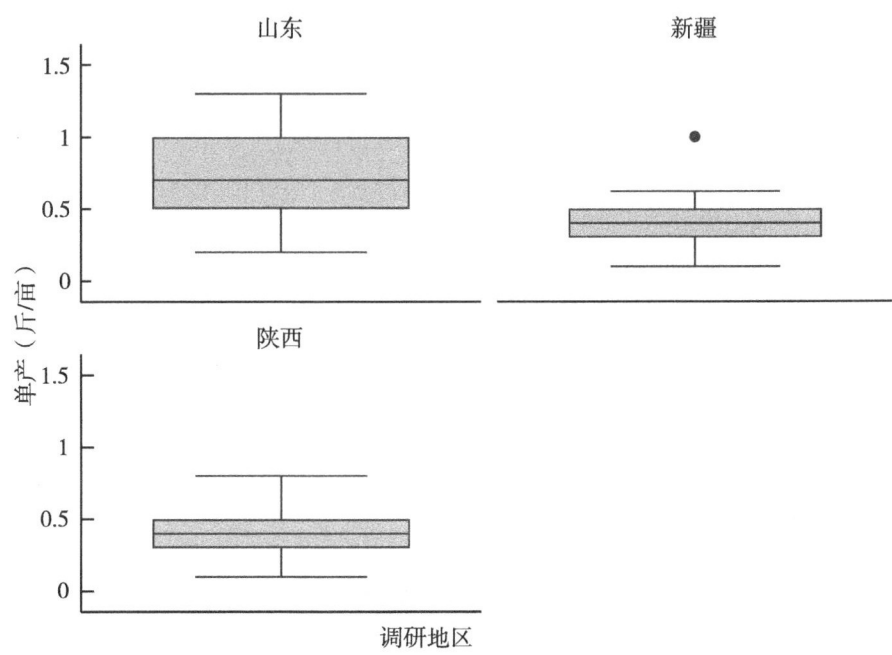

图 4-6 调研地区农户甜瓜单产箱形图
(数据来源:基于调研数据整理)

23.17%、19.97%、13.16%、4.26%、3.58%、1.56%,值得注意的是陕西地区肥料投入中有机肥的投入高于化肥,陕西地区对于绿色生产十分重视,形成许多绿色甜瓜品牌,近几年陕西甜瓜产业发展迅速也与之相关。从成本利润率角度看调研样本中山东地区成本利润率最高,其次是陕西地区,新疆地区由于生产技术、病虫害、土壤重茬等因素,导致产量降低,质量下降,成本利润成为调研区域最低水平。

表 4-9 不同区域瓜农生产成本收益情况分析

项目	新疆		山东		陕西		全样本	
	数值	比重(%)	数值	比重(%)	数值	比重(%)	数值	比重(%)
物质投入(元)	2 050	—	5 481	—	3 253	—	3 818	—

(续表)

项目	新疆 数值	新疆 比重(%)	山东 数值	山东 比重(%)	陕西 数值	陕西 比重(%)	全样本 数值	全样本 比重(%)
种苗费	297	13.13	830	14.43	448	13.16	536	13.30
肥料	733	32.40	1 818	31.61	1 016	29.84	1 210	30.03
化肥费	399	17.64	951	16.53	442	12.98	605	15.02
有机肥费	334	14.77	867	15.07	574	16.86	605	15.02
农药费	77	3.40	143	2.49	53	1.56	92	2.28
农膜费	159	7.03	766	13.32	680	19.97	557	13.82
机械作业费	78	3.45	119	2.07	122	3.58	109	2.71
水费	210	9.28	104	1.81	145	4.26	151	3.75
设施折旧费	496	21.93	1 701	29.57	789	23.17	1 163	28.87
劳动投入①（元）	212	9.37	271	4.71	152	4.46	211	5.24
投入合计（元）	2 262	—	5 752	—	3 405	—	4 029	—
单产（斤/亩）	0.38	—	0.7	—	0.4	—	0.51	—
平均面积（亩）	43.46	—	4.19	—	7.88	—	17	—
成本利润率（%）	20.64	—	125.14	—	77.07	—	46.98	—

注：数据为剔除离群值后样本的平均数值。成本利润率=利润/成本。

4.2.4.2 不同规模成本收益情况分析

第3章说明了研究视角方面不同规模划分理由，但是为了更细致直观地研究各规模成本收益，将"大于20亩"组再进行划分。如表4-10所示，单位面积物质投入随种植面积增加而不断减少，说明甜瓜种植投入成本符合规模效应，40亩以下部分新疆、山东、陕西3个地区均有样本，40亩以上样本仅为新疆地区，其他地区不存在40亩以上的样本。所以，本研究将分为2组进行对比，20亩以上的作为一组比较，20亩以上组内进行比较。从成本利润的角度看，第一组数

---

① 劳动投入仅包括雇用劳动投入，家庭劳动投入不包括在内，也不在本部分研究范畴。

据，4~8亩规模成本利润最高，其次为8~20亩。基于调研数据4~8亩为最适规模，尤其是对于山东、陕西等土地资源相对稀缺的区域。对于第二组新疆地区，从产业发展与土地综合产出率的角度分析，大规模种植劳动密集型作物并不是最适度的选择，随着规模的扩大，成本利润率反而不断降低。

表4-10 不同规模瓜农生产成本收益情况分析

项目	4亩及以下	4~8亩	8~20亩	20~40亩	40~100亩	100亩以上
物质投入（元）	4 780	3 909	2 764	1 949	1 718	1 794
种苗费	719	552	488	242	243	228
化肥费	752	654	480	416	426	501
有机肥费	772	669	484	360	382	277
农药费	98	106	61	43	198	137
农膜费	693	684	440	320	149	102
机械作业费	117	111	104	109	65	80
水费	117	137	174	160	206	421
设施折旧费	1 544	1 036	821	770	364	416
劳动投入（元）	273	203	198	198	79	142
投入合计（元）	5 053	4 112	2 962	2 147	1 797	1 936
单产（斤/亩）	0.60	0.53	0.42	0.43	0.43	0.33
平均面积（亩）	2.21	5.22	11.37	31.64	65.23	288.71
成本利润率（%）	83.75	114.48	88.47	54.06	16.69	-7.77

注：数据为剔除离群值后样本的平均数值。成本利润率=利润/成本。

4.2.5 问卷基本计量检验

4.2.5.1 信度检验

为了保证调查数据的可靠性，本研究进行了信度分析，信度主要用来检验对同一问题进行多次调查得到的数据是否具有一致性，要求受访者的回答具有稳定的、一贯性的真实特征。一般而言，Cronbach's Alpha系数高于0.8，表示数据的内部一致性极好；处于0.6~0.8，表示内部一致性较好；低于0.6，表示内部一致性较差。

本研究的信度检验以Cronbach's Alpha系数来测评，为了测度调查对象甜瓜生产情况的问卷信度，分别选取调研问卷每部分主要变量进行检测，将检测模块分为农户基本情况、技术选择情况、生产效率情况、风险行为4部分。通过SPSS 19.0软件进行分析，结果见表4-11，4项指标的Cronbach's Alpha系数分别为0.897、0.836、0.912、0.940，均大于0.8，表明各变量内部一致性较好，随机误差较小，问卷通过信度检验。

表4-11 信度检验

项目	指标	Cronbach's Alpha 系数	项目个数
二级指标	农户基本情况	0.897	16
二级指标	技术选择情况	0.836	17
二级指标	生产效率情况	0.912	14
二级指标	风险认知情况	0.940	16

4.2.5.2 效度检验

效度是测量值与真实值的接近程度，检验测量工具或手段的指标。效度越高，说明调查结果与研究内容的相关程度越高，测量工具或手段越合理。本研究选取甜瓜调研主要变量数据共35个进行效度检验。采用内容效度来检验调查的有效性，测量内容效度一般采用因子分析法，主要验证指标为KMO（Kaiser-Meyer-Olkin measure of sampling adequacy）和Bartlett的球形度检验，问卷KMO统计量值大于0.9说明观测指标效度极佳；0.8~0.9说明观测指标效度良好；0.7~0.8说明观测指标效度适中；0.6~0.7说明观测指标效度普通；0.5~0.6说明观测指标效度普通；KMO统计量值小于0.5说明观测指标效度无法接受。运用SPSS 19.0统计软件处理数据，问卷KMO值为0.816（大于0.8），本次调查问卷效度良好；Bartlett的球形度检验显著性小于0.01，通过了1%显著性检验，本次调查通过效度检验（表4-12）。

表 4-12 效度检验

验证指标	统计量	
Kaiser-Meyer-Olkin		0.816
Bartlett 的球形度检验	近似卡方	14 369.51
	Df	595.00
	Sig.	0.00

4.3 瓜农种植决策行为及影响因素分析

我国是甜瓜生产与消费第一大国，2016 年我国甜瓜产量占世界甜瓜产量的 51.37%，我国甜瓜收获面积占世界甜瓜收获面积的 38.48%，甜瓜在我国瓜果蔬菜生产和消费中占据重要地位，不仅是带动农民就业增收的高效园艺作物，也是满足城乡居民生活需求的重要时令水果，是多地区重要的经济作物和收入来源，在部分主产区播种面积达到所有作物的 20% 以上。甜瓜产业已进入稳定发展时期，逐步走向区域化与规模化生产的格局，优质品种和简约化栽培方式种植面积不断扩大，生产社会化服务形式的雏形开始显现，质量和品牌意识逐渐提高。但同时存在着农业用工成本与生产资料成本不断上升，劳动力结构老龄化加剧，耕地资源约束趋紧，与其他经济作物争地的矛盾。在城乡居民对农产品多样性需求日趋增大的背景下，如何继续保持甜瓜生产的比较优势？如何维持甜瓜农户种瓜积极性？面对复杂多变的农产品市场，瓜农如何做出决策？本部分将基于农户禀赋、家庭禀赋、市场区域聚集因素、市场环境因素、风险态度等方面分析，旨在解决甜瓜农户种植决策及调整的关键因素。

4.3.1 理论分析与模型构建

关于农户行为的理论假设农户作为一个经济决策主体，其行为方式会影响其决策。关于农户行为是否理性的讨论也一直是经济学中存在争论的问题。传统的小农理论行为认为，利润最大化是"理性小农"追求的最终目的，并以个体为单位进行生产决策安排，这种行为游离于外部环境、合作组织、社会形态等之外（舒尔茨，2003；马良灿，2014）。本研究基于理性小农观点，认为农户行为是有理性的，以利润最大化为目标。一方面会主动了解市场信息，并且根据信息会对自己拥有的资源进行优化配置，来获取最大利益；另一方面农户在生产利润诱导的基础上，也会受到外部环境、人文社会、风险态度等因素影响，调整农产品生产结构和生产方式，以应对市场需求与自身生活需要，并适应区域农业产业发展要求。

本章所考察的是甜瓜农户的种植意愿，调查对象主要为甜瓜主产区的瓜农，主要调查这些瓜农在假定资金和土地资源允许的范围内，是否愿意扩大甜瓜的种植面积，一定程度上能够反映现有瓜农对当前甜瓜行业的生产决策和对未来此行业的判断。在调查此种植意愿中发现，农户主要存在2种种植决策，即愿意扩大种植面积和不愿意扩大种植面积（不愿意扩大种植面积包括面积不变和可能缩小2种情况）。在调研设计中，将甜瓜种植户希望扩大种植面积定义为 $Y = 1$，不愿意扩大的样本定义为 $Y = 0$。种植决策这一因变量是二分类变量，目前并没有坚实的理论证明 Logistic 模型和 Probit 模型在处理二分变量中哪个更好（王济川，郭志刚，2001）。一般情况下，选择 Logistic 模型和 Probit 模型分析结果并没有区别，具体选择哪种模型处于方便和习惯的需要。但如果出现模型中包含连续自变量时，应用 Logistic 回归模型效果更好（Amemiya，1981；Liao，1994）。所以，本研究采用 Binary Logistic 回归方法，模型参数估计的方法采用极大似然法与 Newton-Raphson 迭代法。

基于已知的关于农作物种植决策的文献，建立如下计量模型：假设有一个理论上存在的连续变量 y_i^* 表示事件发生的可能性，其域值为负无穷到正无穷，当该变量跨越一个临界值，便导致事件发生：

$$\begin{cases} y_i = 1 \text{ 当} y_i^* > 0 \text{ 时} \\ y_i = 0 \text{ 其他情况} \end{cases} \quad (4-5)$$

式中，y_i 为实际观察到的反应量，$y_i = 1$ 为调研地区样本农户愿意扩大种植面积，$y_i = 0$ 为调研地区样本农户不愿意扩大种植面积，y_i^* 与自变量 x_i 存在如下关系：

$$y_i^* = \alpha + \beta x_i + \varepsilon_i \tag{4-6}$$

式中，x_i 为影响农户甜瓜种植决策的因素，假设 $y_i^* > 0$，甜瓜种植农户决定下一期种植扩大甜瓜面积，则 $y_i = 1$；反之，则 $y_i = 0$，模型如下：

$$P(y_i = 1 \mid x_i) = \frac{1}{1 + e^{-(\alpha + \beta x_i)}} \tag{4-7}$$

在有 k 个自变量时，模型可以表示如下：

$$P_i = \frac{e^{\alpha + \sum_{k=1}^{k} \beta_k x_{ki}}}{1 + e^{\alpha + \sum_{k=1}^{k} \beta_k x_{ki}}} \tag{4-8}$$

$$\ln\left(\frac{p_i}{1 - p_i}\right) = \alpha + \sum_{k=1}^{k} \beta_k x_{ki} \tag{4-9}$$

式中，P_i 为愿意扩大甜瓜种植面积的概率；$1 - P_i$ 为不愿意扩大甜瓜种植面积的概率；x_i（$i=1, 2, \cdots, k$）为解释变量，具体赋值见表4-13，β_k 为解释变量的回归系数。本研究参考已有研究关于农产品种植决策研究中变量的选择以及甜瓜生产的特殊性，基于农户禀赋、家庭经营情况、生产环境、销售情况、风险偏好等角度对影响甜瓜种植影响因素分析。

4.3.2 变量定义与统计描述

本研究从农户户主个人特征、家庭生产情况、农户生产环境、销售情况、风险偏好特征等方面对瓜农甜瓜生产意愿影响因素进行探讨。

（1）甜瓜种植农户个人特征。包括户主的户主年龄、文化程度、是否有社会公职、是否有兼业行为4个变量。①农户年龄对甜瓜种植意愿的影响预期为负，甜瓜属于劳动密集型园艺作物，种植甜瓜对瓜农的劳动时间和劳动强度有一定要求，年龄大的农户随着身体机能的老化，可能越来越没有能力并且不愿意扩大甜瓜种植面积。并且在调研过程发现，年龄较大的农户表示儿女上学、婚姻等较大生活支出项目已经没有，所以种植甜瓜仅维持日常生活消费即可，不愿意大规模扩大种植面积，这个变量为主要解释变量。②瓜农接受基础教育程度用"上过几年学表示（不包括后期参加的职业培训）"，预期对甜瓜种植意愿的影响可能为正也可能为负，教育水平更高的农户在生产决策方面具有更高的判断力，可以更好地应用先进技术和更好地管理农田，并且取得好的收益。但受教育高的农户更可能从事非农活动，也可能根据市场信息判断种植比较收益高的其他替代作物，因此对种植意愿的影响也可能为负也可能为正。③是否具有社会公职用"是否为村干部"表示，预期对甜瓜种植意愿的影响可能为正也可能为负，身具社会公职可能会花费一部分时间在村内事务上，可能没有多余精力扩大种植面积，但另一方面如果甜瓜产业为本村主要产业，或者未来几年内大力发展的支柱产业，身具社会公职的农户可能为了响应政府号召而扩大甜瓜种植面积。④除了从事农业种植外，还从事其他非农行业，例如外出打工等，属于兼业农户，预期农户兼业行为对扩大甜瓜种植决策影响可能为正也可能为负。因为，有稳定的兼业收入的农户可能没有过多的精力扩大种植面积，或者不想扩大生产，由非农行业获取的收入补尝，可能使得兼业农户不需要扩大播种面积增加收入；但是由于农民工大量返乡的社会背景、甜瓜产业比较效益高等因素，也可能导致兼业农户扩大种植面积，替代兼业收入，所以兼业情况影响方向不确定，主要取决于兼业收益与种瓜收益的比较。

（2）甜瓜农户家庭生产情况。包括家庭劳动力人数、种植甜瓜收入、甜瓜种植经验、上期甜瓜种植面积4个变量。①家庭劳动力人数对种植意愿预期影响为正，甜瓜属于高价值园艺类作物，比较收益相对较高，同时又属于劳动密集型农产品，一个家庭劳动力人口越多，对甜瓜种植的依赖程度也会相对较高，因此预期劳动力人数对甜瓜生产有正向影响。②家庭种植甜瓜获得的收入越高，越对甜瓜市场有信心，越愿意扩大甜瓜种植面积，预期种植甜瓜收入对甜瓜种植意愿影响为正，种植甜瓜收入用"近三年甜瓜平均收入"表示。③甜瓜种植经验用甜瓜种植年限表示，种植经验对甜瓜种植意愿的影响预期为正，因为种植年限越长，农户种植管理经验越丰富，对甜瓜种植会更有信心，越不愿意转换种植品种。④甜瓜种植面积对意愿的影响预期不确定，一方面，种植面积大的农户更有可能获得规模效益，生产效率可能更高，从而收益较高，对甜瓜种植的意愿就越强；另一方面，基于规模经济"倒U形"理论，如果上期种植规模超过适度规模（屈小博，2009；李然，2015；钟鑫，2016；章德斌，2018），则下一期扩大种植规模意愿较弱，调研区域包括大规模种植的新疆地区，所以扩大种植意愿方向不一定。

（3）生产外部环境。包括组织化程度、技术培训、政策环境、农业品牌4个变量，这几个变量代表了农户生产外部环境对甜瓜种植决策的影响。①参加农业培训影响预期为正，农业技术培训可以提高农户的生产技术，扩展甜瓜种植户的视野，增加瓜农获取信息的渠道和来源。②农户是否为专业合作组织成员影响预期为正，一个正常运转的专业合作组织在生产、销售等方面对瓜农有很强的促进作用，对瓜农生产资料的获取、生产技术信息的接收、销售渠道与产品议价都有积极的影响，所以参加合作社对甜瓜种植决策影响较大，是主要的解释变量。③政府是否对甜瓜生产者有扶持政策对甜瓜种植决策有正向影响，即有扶持政策，会愿意继续扩大种植面积，问卷设置了3个答案，即现在有扶持政策；以前有过扶持政策，但现在没有；从来没有过扶持政策，依据问卷设置，回归结果符号预期为负。④农业品牌预期对农户种植甜瓜决策影响为正，农业品牌由农产品在市场上的知名度和美誉度表示，其表现形式有多种，其中以区域公用品牌应用最广，可以用地理标志农产品、名牌农产品、著名商标等形式表示。本研究用地区是否获取认证的地理标识和认证的名牌农产品表示，例如"莘县香瓜""哈密瓜""富平甜瓜"等，预测地理标识辐射区内农户种植意愿正向影响。由于区域品牌的形成往往伴随着产业聚集，地区具有专业化分工和地域根植性较强、产业集聚程度高且拥有一定的创新能力等典型特征，对当地该农产品的生产销售有很强的促进作用，因此形成区域品牌对农户甜瓜种植意愿的影响为正向。

（4）销售情况。包括距最近的批发市场（交易中心）远近、对甜瓜销售满意度2个变量。①甜瓜的鲜食性与不易储存性，导致运输距离与道路状况对瓜农种植有负面影响，即农户距离市场较远会减弱对瓜农的种植积极性。②如果对甜瓜销售不满意、对市场行情不了解会直接影响瓜农的种植信心。调查指标表示瓜农户上期的销售特征，而上期的销售状况会在一定程度上影响甜瓜农户的种植信心，预期满意度指标对农户种植意愿具有负向作用。

（5）风险认知特征。用对甜瓜种植风险认知变量表示。瓜农在面对复杂多变的市场和自然环境时一直处于被动的、弱势的地位，抵抗市场风险、自然灾害风险的能力十分有限,而经济类作物例如甜瓜获得政府、农业银行、保险公司等外部保障较为困难,不同地区个别政府在某些年间可能增加对甜瓜的支持,例如设施大棚建设资金、无息贷款等,但是这一支持项目往往不存在持续性,属于临时性支持。因此农户只能在生产过程中采取保守生产等行为规避风险,不同农户的风险认知和风险偏好差异可能影响农户种植意愿选择。本书选取对甜瓜生产风险大小认知来测定农户对甜瓜生产的风险态度。对甜瓜种植风险认知越大的农户,出于趋利避害的心理,会种植如蔬菜等其他可替代园艺类作物,预期风险认知对农户种植意愿影响为负向,即认为种植甜瓜风险越大,下一期越不会扩大种植。具体变量定义见表4-13。

表4-13 瓜农扩大种植意愿变量选择与定义

变量名称	变量定义	变量类型	预期方向
被解释变量			
种植决策Y	下一期种植是否增加种植面积,是=1,否=0	二分类	
解释变量			
农户个人特征:			
户主年龄	户主的年龄	连续型	−
文化程度	户主受基础教育年限	连续型	+/−
社会公职	是否为村干部,是=1,否=2	二分类	+/−
兼业行为	除了种地,是否从事非农活动,是=1,否=0	二分类	+/−
家庭生产情况:			
劳动力	家庭劳动力人数	连续型	+
种瓜收入	种植甜瓜最近3年平均收入	连续型	+
种瓜经验	甜瓜种植年限	连续型	+
上期种植面积	甜瓜种植面积	连续型	+/−
生产外部环境:			

(续表)

变量名称	变量定义	变量类型	预期方向
组织化程度	是否参加了农民合作组织，是=1，否=0	二分类	+
技术培训	是否参加甜瓜种植技术培训，是=1，否=0	二分类	+
政策环境	政府是否有扶持政策，1 有，2 曾经有，3 从来没有	多分类	−
农业品牌	甜瓜是否申请农业品牌，是=1，否=0	二分类	+
销售情况：			
与市场距离	距离最近的批发市场（交易中心）远近	连续型	−
销售满意度	您对上期甜瓜销售情况的满意度：1 满意，2 一般，3 不满意	多分类	
风险偏好：			
风险认知	对种植甜瓜风险大小的认知，1 非常小，2 比较小，3 一般，4 比较大，5 非常大	多分类	−
虚拟变量：			
地区—新疆 d1	调研地区，设置为虚拟变量，以陕西为对照组，在样本新疆=1，不在新疆=0	二分类	+
地区—山东 d2	调研地区，设置为虚拟变量，以陕西为对照组，在样本山东=1，不在山东=0	二分类	+

数据来源：依据调研数据整理。

表 4-14 为研究中所用各变量的描述性统计。从调查对象来看，表示愿意扩大种植面积的瓜农占 46.17%，有 53.83% 的瓜农表示不愿意，均值为 0.46；户主平均年龄为 48 岁，这也反映在目前农村从事农业劳动的劳动力年龄以中年人偏多，老龄化现象比较严重；文化教育程度均值为 8.15 年，显示瓜农整体文化教育程度不高，平均基础教育程度仅为初中水平；大部分调研农户没有社会公职，为普通农民；甜瓜种植户兼业化程度不高，主要的原因有两方面：一是种植甜瓜需要劳动力较多，没有多余时间精力从事其他行业；二是种植甜瓜收入较高，可以满足日常消费支出，没必要背井离乡从事其他行业。

表 4-14 瓜农扩大种植意愿变量描述统计

变量	最小值	最大值	均值	标准差
种植决策 Y	0	1	0.46	0.50
农户个人特征：				
户主年龄 Age（岁）	19	75	48.00	10.64
文化程度 Edu	0	15	8.15	2.60
社会公职 Admin	1	2	1.94	0.24
兼业行为 Part-time	0	1	0.26	0.44
家庭生产情况：				
劳动力 Labor（人）	1	6	2.18	0.79
种瓜收入 Income（万元）	0	90	6.40	7.25
种瓜经验 Experience（年）	1	50	14.23	9.29
上期种植面积 Scale（亩）	1	600	17.02	45.52
生产外部环境：				
组织化程度 Cooperation	0	1	0.25	0.43
技术培训 Training	0	1	0.42	0.49
政策环境 Subsidy	1	3	2.61	0.72
农业品牌 Brand	0	1	0.57	0.49
销售情况：				
与市场距离 Distance	0	100	11.22	14.05
销售满意度 Satisfaction	1	3	1.84	0.76
风险偏好：				
风险认知 Risk	1	5	2.33	0.95

数据来源：Stata 15.0 计量分析结果。

种瓜 3 年平均收入均值为 6.40 万元，与其他农作物相比，收入相对较高，结合种瓜投入劳动力均值 2.18 人分析，劳均种瓜年收入 3 万元；种植年限均值为 14.23 年，说明甜瓜生产在调查区域历史悠久、农户经验丰富、生产比较稳定；甜瓜平均种植面积为 17.02 亩，由于被调查区域为主产区，甜瓜生产比较集中，农户多为当地种植大户，因此被调查农户平均种植面积较大，其中新疆种植面积最大，其次为陕西，山东地区由于人均耕地面积限制，种植面积最少。

仅有 25% 的人参加合作社，当地瓜农组织化程度一般，合作社真正发挥作用的较小；42% 的甜瓜种植户曾经参加过农业技术培训，说明甜瓜主产区对于农业技术的推广还有待提高；当地运输状况均值为 11.22 千米，说明运输状况相对较好，与大型批发交易中心距离较近，如果不考虑新疆地区，这个数值会更低；调查地区集中在主产区，生产历史比较悠久，已经形成有地理标志的区域品牌比例为 57%；对销售价格是否满意的均值为 1.84，说明瓜农对目前的销售价格还是比较满意的；新技术采用风险偏好均值为 1.82，农户相对保守；觉得种植甜瓜风险为 1.83，说明瓜农认为种植甜瓜风险相对较小。

4.3.3 模型结果分析

4.3.3.1 基本计量检验

Binary Logistic 回归对多重共线性敏感，当多重共线程度较高时，系数标准误的估计将产生偏差。多重共线性的检验方法比较多，本研究分成几个层次来检验：首先初步判断，回归方程通过 F 检验，并且主要解释变量显著；其次用方差膨胀因子（VIF）来检验。一般情况下，VIF>5 就表明存在较为严重的多重共线性，结果表明，最大的方差膨胀因子为 2.023<5，可认为变量间不存在严重的多重共线；最后利用条件数来判断，如果条件数小于 30，表明不存在共线性，在 30~100 表明存在一定程度的多重共线性，但不会对模型的回归与解释产生影响，模型一回归结果条件数为 53.44，在 30~100，进一步说明模型变量之间不存在严重的多重共线，不影响结果，因此可采用 Binary Logistic 回归。

4.3.3.2 回归结果分析

运用 Stata 15.0 对调查数据进行回归处理，结果如表 4-15 所示。其中模型 1

为基准模型，模型2是在模型1的基础上剔除不显著变量，保留主要解释变量的回归结果。2个模型都具有较好拟合优度，系数方向、显著性都基本一致，模型稳健性较好。模型解释主要以模型2为主。根据实证分析结果，可以将农户种植甜瓜决策的主要影响因素分为以下几个方面。

表4-15 瓜农扩大种植意愿影响因素分析结果

种类决策 Y	模型1			模型2		
	系数 (Coef.)	比值比 (Odds Ratio)	边际 (margins)	系数 (Coef.)	比值比 (Odds Ratio)	边际 (margins)
户主年龄 Age	-0.027** (0.012)	0.973** (0.011)	-0.007** (0.003)	-0.027*** (0.010)	0.973*** (0.010)	-0.007*** (0.003)
文化程度 Edu	0.036 (0.041)	1.036 (0.043)	0.009 (0.010)			
社会公职 Admin	0.195 (0.435)	1.215 (0.528)	0.048 (0.108)			
兼业行为 Part-time	0.201 (0.234)	1.223 (0.286)	0.050 (0.058)			
劳动力 Labor	0.517*** (0.142)	1.677*** (0.238)	0.128*** (0.035)	0.507*** (0.136)	1.660*** (0.226)	0.125*** (0.034)
种瓜收入 Income	0.061** (0.025)	1.063** (0.027)	0.015** (0.006)	0.052** (0.023)	1.053** (0.025)	0.013** (0.006)
种瓜经验 Experience	0.011 (0.013)	1.011 (0.013)	0.003 (0.003)			
上期种植面积 Scale	-0.020*** (0.007)	0.980*** (0.007)	-0.005*** (0.002)	-0.021*** (0.008)	0.980*** (0.007)	-0.005*** (0.002)
组织化程度 Cooperation	0.434* (0.261)	1.544* (0.403)	0.108* (0.065)	0.522** (0.242)	1.686** (0.407)	0.130** (0.060)
技术培训 Training	0.243 (0.225)	1.276 (0.287)	0.060 (0.056)			
政策环境 Subsidy	-0.045 (0.154)	0.956 (0.147)	-0.011 (0.038)			
农业品牌 Brand	0.414** (0.218)	1.513** (0.329)	0.102** (0.054)	0.355* (0.211)	1.427* (0.301)	0.088* (0.052)
与市场距离 Distance	0.009 (0.010)	1.009 (0.010)	0.002 (0.002)	0.010 (0.010)	1.010 (0.010)	0.002 (0.002)

(续表)

种类决策 Y	模型1			模型2		
	系数 (Coef.)	比值比 (Odds Ratio)	边际 (margins)	系数 (Coef.)	比值比 (Odds Ratio)	边际 (margins)
销售满意度 Satisfaction	-0.146 (0.152)	0.864 (0.131)	-0.036 (0.038)	-0.151 (0.148)	0.860 (0.127)	-0.037 (0.037)
风险认知 Risk	-0.233** (0.119)	0.792** (0.095)	-0.058** (0.030)	-0.290** (0.115)	0.748** (0.086)	-0.158** (0.028)
d1 新疆	0.937** (0.394)	2.553** (1.005)	0.230** (0.093)	0.936** (0.375)	2.551** (0.957)	0.230*** (0.089)
d2 山东	1.018*** (0.330)	2.768*** (0.915)	0.249*** (0.078)	0.597** (0.266)	1.816** (0.483)	0.148** (0.065)
_cons	-0.405 (1.350)	0.667 (0.900)		-0.105 (0.760)	0.900 (0.685)	
Pseudo R2		0.167			0.143	
Prob > chi2		0.000			0.000	
Log likelihood		-295.712			-308.787	

注：括号内的值为标准误；*、**、***分别表示在10%、5%、1%显著性水平上显著。

（1）户主年龄。户主年龄变量在1%的水平上显著，符号为负，影响方向与假设相符，说明户主年龄对甜瓜种植意愿有显著的负面影响，年龄越大的农户甜瓜种植意愿越低（宋金田，2013；张怡，2015；文长存，2017）。甜瓜属于劳动密集型产业，在调查数据中选择不愿意扩大种植面积农户的原因，61.41%的农户回答"太累，干不动了"，数据层面说明了随着年龄的增长，长期劳作的压力，身体状况不断下降，而种植甜瓜对农民的劳动时间和劳动强度有一定要求，农户年龄与甜瓜种植意愿呈反向关系。在未来10~20年，甜瓜产业劳动力老龄化更加严重，如果甜瓜产业不能吸引更多年轻劳动力或者替代人工的机械型技术不能实现重大突破，那么甜瓜产业必然会受到劳动力不足的影响。

（2）家庭劳动力人口。对甜瓜种植意愿有正向影响，且通过显著性检验，在1%的水平上显著。说明家庭劳动力人口越大，越倾向于扩大种植面积，这也符合甜瓜劳动密集型产业的特点。另外，人口规模越大的瓜农，家庭生活消费支出水平相对更大，甜瓜作为高效园艺类作物的代表之一，具有高价值的特性，成本收益相对较高，具有就业效应与收入效应双重效应，比值为1.66，说明家庭劳动力人口规模越大的农户选择扩大种植的概率比较大。

（3）甜瓜种植收入。上期收入对农户选择扩大种植面积呈显著正向影响。由于甜瓜产业的高价值特性，从事甜瓜种植的主要目标就是获取经济收益，上期种植收入越高，说明农户对甜瓜销售市场越有信心，增加了种植甜瓜的依赖程度，越有扩大甜瓜种植面积的动力，以此获取种植收益的进一步提高。如果甜瓜种植收入相对较低，则农户转换其他园艺类作物种植品种或者从事非农行业的机会成本较低，扩大种植动力从而减小。

（4）甜瓜种植面积。种植面积对农户种植意愿在模型1与模型2中影响为负，且在1%的水平上显著。说明在现有对甜瓜种植产生影响的其他条件不变的前提下，上期播种面积越大的农户，第二年扩大甜瓜种植的意愿越低，除了传统的种植习惯以外，可能的原因是现有的种植面积已经基本保持农户个体最适合的种植规模（均值为17.02亩），是家庭资源与种植规模多年博弈后的结果，尤其对于新疆、陕西等规模较大的农户，对扩大甜瓜种植的意愿较弱。

（5）是否为专业合作社成员。对农户种植意愿呈正向显著影响，与假设相符。调研样本中瓜农组织化程度并不高，仅有25%的农户加入了合作社，尤其是在新疆地区，不到8%的农户为合作社成员。就调查的情况看，各甜瓜产区合作社数量不少，但瓜农参与度较低，或者成立之初参与，但是合作社并没有履行其职能，反而成了合作社操控者套取国家补贴的工具，许多村民不再积极参与。真正履行职责的合作社，对社员种植甜瓜的意愿起到推动作用，例如陕西某合作社在前些年，该地区甜瓜市场影响力较小、甜瓜交易市场不发达的情况下，组织联系销售渠道，为农民提供多种销售路径；山东甜瓜产区某合作社与科研单位对接，不仅为瓜农提供最新甜瓜品种，并且不定时为瓜农提供技术指导与培训。从长远的角度看，加入合作社对甜瓜种植是有积极影响的。

（6）农业品牌。是否有农业品牌对种植意愿呈正向显著影响且与假设相符，是本部分重要的解释变量。本研究用地区是否获取认证的地理标识和认证的名牌农产品表示农业品牌,调研地区获得例如"莘县香瓜""哈密瓜""富平甜瓜"等品牌认证。区域公用品牌是准公共物品,具有很强的正外部性,对于形成规模化、专业化、产业化的农业生产具有很强的促进作用,对于提高地区农产品的知名度,增加销售途径,提高农民收入水平具有重要意义。调研数据也充分论证了区域公用品牌的作用,在品牌覆盖地区,瓜农收入相对较高,扩大种植意愿更为强烈。

(7) 甜瓜销售满意度。甜瓜销售是否满意对种植意愿影响为负,与假设相符,但影响并不显著,显著性水平为 0.361。影响不显著可能的原因一方面是受到传统种植习惯的影响,即使上期销售价格不满意也不会马上转变种植意愿;另一方面甜瓜价格在不同年份变动较大,一年价格波动可能不足以使农户改变自己的种植决策。

(8) 风险认知。从风险态度角度,农户认为风险越小,越愿意扩大种植,风险认知对甜瓜种植有显著影响。从调查情况来看,很少农户认为种植甜瓜风险大,多少数农户认为种植甜瓜风险比较小、风险一般(均值为 2.33),可能的原因是地区甜瓜种植年限较长、瓜农技术相对成熟、在种植技术方面抵御风险的能力较强。

(9) 其他变量分析。从受教育水平角度,户主文化程度越高的农户种植甜瓜的意愿越强。这与一些农户行为的研究结论相反(朱慧,2012;宋金田,2015;张怡,2015),但是与产业相似的西瓜产业研究结果相同(文长存,2017)。可能的原因是受调查农户文化程度普遍不高(均值为 8.92,初中水平),大多为高中以下水平,这些农户不具备转行的条件;基础教育时间的缩短,增加了期甜瓜种植的经验,在甜瓜等高效园艺作物种植技术较高,从而提高了甜瓜种植意愿。从农业技术培训角度:参加技术培训变量有正向影响,说明越多获取甜瓜相关种植技术,越愿意扩大种植面积,但是没有通过显著性检验。虽然被调查用户有 42% 参加过培训,但在调查过程中发现,有些培训并不满足农民需求,或者说这些培训不足以影响农民甜瓜种植面积的扩大。

(10) 变量边际效应与发生比分析。从各影响因素的边际效应看,风险态度、组织化程度、劳动力数量、农业品牌对农户种植决策影响较大。决策者每提高一单位种植甜瓜风险认识，则放弃扩大甜瓜种植的概率为 15.8%；参加合作社的农户相对于没有参加合作社的农户，扩大种植的可能性是其 1.686 倍，每提高一单位农户参加合作社，扩大甜瓜种植的可能性就提高 13%；每提高一单位家庭种瓜劳动力，扩大甜瓜种植的可能性就提高 12.5%；农业品牌每覆盖一单位样本，扩大甜瓜种植概率提高 8.8%。

4.4 本章小结

本章结合宏观产业数据与区域调研数据，梳理了甜瓜产业移动轨迹与生产优势区发展，分析了调研区域农户基本生产情况，最后基于农户调查数据，研究了我国甜瓜主产区农户甜瓜种植面积扩大意愿的影响因素。得到如下结论。

（1）甜瓜生产优势区域形成。2001—2016 年我国以高效园艺类作物甜瓜为代表的高价值农产品生产重心移动轨迹呈现 2 个特点：第一，生产重心在经纬度上均有移动，在经度方向的移动程度大于在纬度方向的移动程度，生产重心主要向西南部偏移。第二，受生产效率、区域农业生产结构调整等因素影响，生产重心移动轨迹呈明显的阶段性特征，移动速度快的 2004—2008 年，地区农业结构调整速度较快。甜瓜区域化发展态势明显区域化发展，优势产区主要集中在以山东、河南、河北为代表的黄淮海地区，以及以新疆、陕西、宁夏为代表的西北地区。

（2）甜瓜生产地区差异性明显。甜瓜种植初始动因与结构性调整是个体资源禀赋与种植收益不断博弈后的理性决策，同时受到政府、自然条件等外部因素的影响。目前瓜农种植决策及调整的主要制约因素是劳动力不足、耕地资源不足、比较效益下降。甜瓜生产情况区域差异性较大，种植规模、栽培模式，种植品种、灌溉方式都存在一定差异，但其中也有一定共性，例如品种逐渐倾向于早熟、早中熟品种的种植，这种趋同行为是受到种植利益引导，是市场导向行为。栽培方式趋向设施生产，包括以露地栽培为特色的新疆地区，近几年甜瓜设施栽培数量不断增加，其目的同样是获取销售利润。成本利润角度，不同区域、不同规模农户甜瓜成本利润差异性较大。

（3）采用 Logistic 回归模型的实证分析结果显示，农户甜瓜种植意愿主要受到户主的年龄、家庭劳动力数量、种瓜收入、种植规模、是否参加合作社、农业品牌、种植风险认知等多种因素影响。其中劳动力数量、组织化程度、甜瓜获利能力、农业品牌等因素对甜瓜种植意愿呈显著正向影响，种植规模、风险认知对甜瓜种植意愿呈显著负向影响。这说明地区品牌化、专业化发展对甜瓜产业具有积极的促进作用。在甜瓜优势产区，单纯依靠扩大甜瓜生产规模已经不能满足产业发展的需要，形成特色化、差异化、品质化的农产品，才是优势产业的形成必要条件，并且需要先进的生产技术支持。

5 瓜农生产技术选择行为及影响因素分析

提高土地产出率、劳动生产率，增强农业生产综合效率，主要依靠农业科技进步。推进甜瓜生产技术创新一直是甜瓜优势生产区域关注的重点问题，也是新阶段转变甜瓜生产方式、增加甜瓜产业效益的关键。甜瓜种植户作为现代甜瓜产业技术的终端需求者和重要生产主体，其技术需求现状与技术选择行为将成为提高甜瓜产业技术创新和推广效率、促进田间管理技术科学化和规范化生产的微观基础（王静，2013）。而市场多样化背景下，甜瓜种植户对农业技术的需求呈多样化、差异化趋势，尤其是不同地区、不同规模或者不同种植方式下，农户对技术的需求也有所不同，因此本章第一部分从瓜农技术需求与新技术采用情况角度分析瓜农技术选择行为。随着农业资源环境问题日益凸显、生态环境承载负担不断加剧、农产品质量安全问题频复发生，对农产品的要求不断升级，尤其是瓜果、蔬菜等鲜食类园艺作物，更要在生产环节保证农产品的产出与供给。尤其在"加快转变农业生产方式，大力发展绿色农业"政策背景下，各农业产业不断探求产业转型，实行绿色生产，在保护环境的同时实行节本增收，同时满足消费者日益增长的食品质量需求。本章第二部分，基于环境友好型技术采用行为，探讨甜瓜种植户有机肥施用情况，分析影响农户有机肥施用的影响因素，从微观角度切入，探寻甜瓜产业环境友好型技术推广方式。

5.1 瓜农技术需求与新技术采用情况

5.1.1 瓜农生产技术需求情况分析

从微观生产者角度分析瓜农技术需求，有利于引导甜瓜产业技术创新方向。

对样本生产技术需求情况进行调查，备选项包括产前良种技术（增加产量的良种技术、提高品质的良种技术），劳动节约型技术（节约简化栽培技术、省工机械辅助技术），环境友好型技术（配方施肥技术、绿色病虫害防控技术）、产后储存技术（储藏保鲜及加工技术）等，而被调查对象需要在备选项中选择3个现阶段需求度最高的技术。如图5-1所示，对良种技术的需求仍然是瓜农最主要的需求，尤其针对品种繁多的甜瓜产业，具有竞争优势的甜瓜品种对农户增收具有决定作用。而良种技术又分为增产方面的技术和提质方面的技术，而提高品质的良种技术需求程度最高，选此项次数为390次，占全样本的78.63%。近4/5的农户对于高品质甜瓜品种的需求，也侧面反映了鲜活农产品市场导向，消费者早已不再单纯满足农产品的数量，而是对口感、甜度、外观、水分等品质方面的要求不断升级，甚至高端消费群体对于甜瓜的绿色有机生产过程、果型美观程度等方面提出了更高的要求，市场诱导、政策的刺激下，瓜农对于提高甜瓜品质的良种技术需求占首位。其次是增加产量的良种技术，由于瓜农是利润导向，付出同样劳动成本的条件下，产量增加会使得收入提高，从而获得更大的生产利润，对增产技术需求同样比重较高。

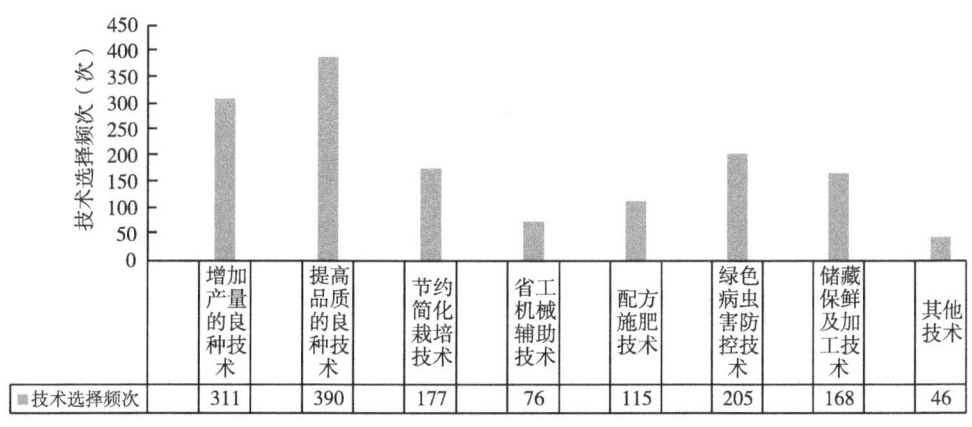

图5-1 甜瓜种植户生产技术需求情况

排名第三位的是绿色病虫害防治技术。调研区域山东、新疆是历史悠久的甜瓜主产区，相同作物的连年种植导致土壤养分失衡与自毒现象，土壤病原菌、根线虫等导致土壤微生物失衡,这些都是造成甜瓜生产区域重茬障碍连年严重的主要根源,同时不当施用肥料同样导致耕地资源破坏。这一现象近几年在新疆哈密某些地区频发,尤其是调研时段某些大规模种植户当年因病虫害等因素致使甜瓜产量、质量大幅下降,当年收入不抵成本。这种情况的发生在种植面积年份较长的产区受到普遍关注,农户对于病虫害防治技术的需求仅次于良种技术,选择频次占调研样本的41.33%。基于调研结果发现,甜瓜农户对"病虫害防治技术"的需求程度较高,过量农药的使用虽然防治了病虫害,但是对于产出的甜瓜口感、产量均产生了负面影响,并且部分产出甜瓜表皮农药残存量较高,不符合上市标准,影响甜瓜销售;因此农户对现存的病虫害防治技术满意度较低,对于绿色病虫害防治技术需求迫切。基于调研结果,一定程度上说明农户对"环境友好型技术"的需求主要基于对种植利润最大化的需求,对于绿色生产的推动,主要依靠绿色需求的拉动。

对于鲜活农产品,尤其是瓜果蔬菜等园艺类作物,储藏保鲜问题是农户普遍关心的问题之一。尤其是在集中上市的季节,由于甜瓜的难储藏、易腐烂的特性导致农户在面对市场时处在被动地位,面对农产品收购商没有平等的谈判权利,对于恶意压价和残酷的市场,瓜农弱势性凸显。基于此,农户对于甜瓜储藏保鲜及加工技术的需求不断增强,选择频次占调研样本的36.49%,尤其是交通运输不方便的新疆地区,对储藏保鲜技术需求程度最高,并且亟待甜瓜加工技术升级突破。

节约简化栽培技术、省工机械辅助技术等"劳动节约型技术",选择频次占调研样本依次为35.69%、15.32%,瓜农需求程度相对较低。甜瓜产业属于劳动密集型产业,与大田作物相比对劳动力需求较大,对于节省劳动力的技术具有一定的需求,不过主产区农村劳动力市场相对发达,生产过程专业化分工程度较高,所以如果新技术投入成本高于雇用成本,那么对于技术更新的需求程度就会下降。科学施肥对于提高肥料利用率、改善土壤环境具有重要作用,测土配方技术、水肥管理技术普及程度并不高,利用率也比较低,农户在有其他技术替代的情况下,并不会主动寻求新技术,除非政府推广或者新技术使用后利润率显著提高。

从不同区域角度分析,增加产量的良种技术需求人群陕西地区占比最高,陕西地区为新兴的甜瓜产区,近几年产量与播种面积增长速度较快,2016年成为国内排名第七位的甜瓜生产大省,处于产业发展的成长期,对增产的良种技术需求程度最高;对于提高品质的良种技术,山东、陕西地区选择频次占其地区样本比重较高;绿色病虫害防治技术一方面由于新疆甜瓜产业种植年份较长,土地重茬现象严重,另一方面由于新疆甜瓜多为露地栽培方式,所以该地区生产过程中病虫害发生率较大,对病虫害技术需求占调研样本比重最大;对于节约简化栽培技术、省工机械辅助技术这2类均有减少劳动力投入的特点,而对劳动力节约型技术的需求陕西地区选择频次最多。可能的原因是3个调研区域相比,新疆地区农户平均生产规模为43.46亩,属于大规模农户,山东地区农户平均生产规模为4.19亩,属于小规模农户,但是陕西地区农户平均生产规模为7.88亩,生产规模处于中间水平,与山东相比生产规模大必然导致对劳动力投入大。同时,陕西地区为设施生产,与新疆相比,设施生产方式对劳动力投入大,从这两方面来看,陕西地区对劳动力节约型技术的需求较大。对于储藏保鲜及加工技术,各地区的需求不断增强,但相对于交通、市场相对发达的山东、陕西地区,新疆地区受到运输距离、销售市场的影响,对储藏保鲜技术需求程度最高,占其区域样本比重的58.62%,并且对于甜瓜加工技术的升级突破需求也较高,这也是为了解决甜瓜易腐烂性与远距离运输的产销矛盾,但是储藏保鲜及加工技术的投入更需要依靠合作组织或者政府的支持。不同分类方式下甜瓜种植户生产技术需求情况见表5-1。

表5-1 不同分类方式下甜瓜种植户生产技术需求情况

技术类别		不同地区			不同规模			
		新疆(145)	山东(171)	陕西(180)	4亩以下(110)	4~8亩(160)	8~20亩(125)	20亩以上(101)
产前良种技术	增加产量的技术	91(62.76%)	93(54.39%)	127(70.56%)	69(62.73%)	94(58.75%)	87(69.60%)	61(60.40%)
	提高品质的技术	89(61.38%)	163(95.32%)	138(76.67%)	99(90.00%)	133(83.13%)	97(77.60%)	61(60.40%)

(续表)

技术类别		不同地区			不同规模			
		新疆(145)	山东(171)	陕西(180)	4亩以下(110)	4~8亩(160)	8~20亩(125)	20亩以上(101)
劳动节约型技术	节约简化栽培技术	49(33.79%)	50(29.24%)	78(43.33%)	39(35.45%)	64(40.00%)	35(28.00%)	39(38.61%)
	省工机械辅助技术	18(12.41%)	23(13.45%)	35(19.44%)	17(15.45%)	29(18.13%)	14(11.20%)	16(15.84%)
环境友好技术	配方施肥技术	20(13.79%)	45(26.32%)	50(27.78%)	28(25.45%)	42(26.25%)	26(20.80%)	19(18.81%)
	绿色病虫防控技术	79(54.48%)	73(42.69%)	53(29.44%)	37(33.64%)	70(43.75%)	64(51.20%)	34(33.66%)
产后储存技术	储藏保鲜加工技术	85(58.62%)	37(21.64%)	46(25.56%)	18(16.36%)	36(22.50%)	45(36.00%)	69(68.32%)
	其他技术	4(2.76%)	29(16.96%)	13(7.22%)	23(20.91%)	12(7.50%)	7(5.60%)	4(3.96%)

注：该问题样本农户选择3项需求程度最高的技术；括号为选择本项技术的人数占该地区或者该分类规模的比重。

5.1.2 瓜农新技术采用情况分析

5.1.2.1 不同地区瓜农获取新技术途径

农业技术市场信息的有效流动，是农业技术推广效率提高和甜瓜产业现代化、科技化发展的前提，信息不对称问题是农户进入技术市场时普遍面临的问题，因信息量的多寡、质量高低的不同而承担不同的风险，尤其是对农户生产最主要影响的生产技术。在国际农产品市场竞争日趋激烈化的背景下，提高农业竞争力、提高生产能力、增加农民收入，需要依靠不断推进与更新的生产技术，也是我国农业科技推广领域研究的主要问题。研究这个问题，首先要解决"农业技术信息如何真正进入农户"，对微观瓜农农业技术信息的获取渠道的研究，有利于拓宽甜瓜产业技术推广路径，提高相关技术推广效率。如表5-2所示，不同地区农户获取新技术的途径有较大差异，但其中存在一定的趋同性。

表 5-2 不同地区瓜农获取新技术途径

途径	新疆（145）	山东（171）	陕西（180）	合计（496）
自己摸索	93（64.14%）	88（51.46%）	155（86.11%）	336（67.74%）
亲朋邻里	45（31.03%）	81（47.37%）	60（33.33%）	186（37.50%）
传统媒体	15（10.34%）	27（15.79%）	24（13.33%）	66（13.31%）
互联网媒体	34（23.45%）	57（33.33%）	40（22.22%）	131（26.41%）
政府宣传	23（15.86%）	46（26.90%）	17（9.44%）	86（17.34%）
农业推广人员	49（33.79%）	20（11.70%）	28（15.56%）	97（19.56%）
合作社组织培训	5（3.45%）	54（31.58%）	47（26.11%）	106（21.37%）
销售部门宣传	36（24.83%）	52（30.41%）	34（18.89%）	122（24.60%）
其他	1（0.69%）	11（6.43%）	7（3.89%）	19（3.83%）

数据来源：基于调研数据整理。

注：括号为选择本项目的人数占该地区的比重。选项为不定项选择，针对农户平时认为最要的农业技术获取途径进行主观选择。

调研地区农户大多数是依据自己多年种植经验、自己摸索，占调研样本的67.74%。这可能是主产区的技术获取途径的特点，主产区农户具有丰富的生产经验，对于混乱其信息不对称的技术市场，农户更相信自己的种植经验。其次为亲朋邻里、农村地缘关系，农户邻里亲朋之间信息沟通较为频繁，一旦新技术信息获得实践认可，有了实践论证，那么技术扩散速度比较快，这也是农村地区推广技术的优势，例如科技示范户、示范园区等方式，也是我国农业技术推广采用的主要方式。

从媒体传播的角度分析，传统媒体对于农业技术信息推广的优势已经被新兴互联网媒体取代，微信、自媒体、农业网站，网络化信息使得农业技术的传播不再有地区限制，但是同时也造成了信息的冗余，网络爆炸式的农业信息的宣传，农户需要从中找到真实、有效、适合自己土地生产的信息。这种情况会导致部分农户放弃了对新技术获取与采用，被动地等待技术更新。在甜瓜主产区，在地区产业发展初期，政府引导推进产业技术发展起到了关键性作用，随着主产区生产稳定、技术相对成熟，政府引导农户技术采用的功能逐渐弱化，近些年政府更关注提高地区产品知名度,推进农业产业品牌化。

对于新技术的获取途径,农业投入品销售部门是主要渠道之一,尤其是对于新品种、新肥料的投入,但是从这个途径获取的的信息,农户普遍反映信息的可信度并不高,农户更相信非营利部门的新技术推广。合作社组织的技术培训也是农户信息获取的渠道之一,但是这部分信息对于指导农业生产,提高生产利润的有效性并不高,农户普遍反映这些信息都是面子工程,甚至有些有经验的农户认为指导培训的技术人员对生产技术的了解程度还不及本人,新疆地区选择合作社渠道的人数更少。

综上所述,对于新技术的获取途径虽然较多,但是这些技术的有效性不高,农户更愿意依据自己的种植经验、通过与邻里亲朋的交流,摸索种植经验,农业技术创新脱离实际生产是制约我国农业科技发展的重要问题。对于不同地区,主产区农户种植经验丰富,倾向于自己摸索,山东地区因其地理区位优势,农户技术信息获取途径较多,对于新媒体的应用、合作社的技术推广、农资企业销售等渠道相比较发达,与之相对的就是新疆地区,陕西处于二者之间。

5.1.2.2 瓜农采用新技术动因分析

技术选择的动因,是农户最终是否采用这项技术的前提,对甜瓜农户采用新技术的主要原因进行调查,不同区域主要因素有一定差异(图5-2),山东地区由于产量比较稳定,生产利润率较大,对于提高甜瓜品质的技术需求程度最高,

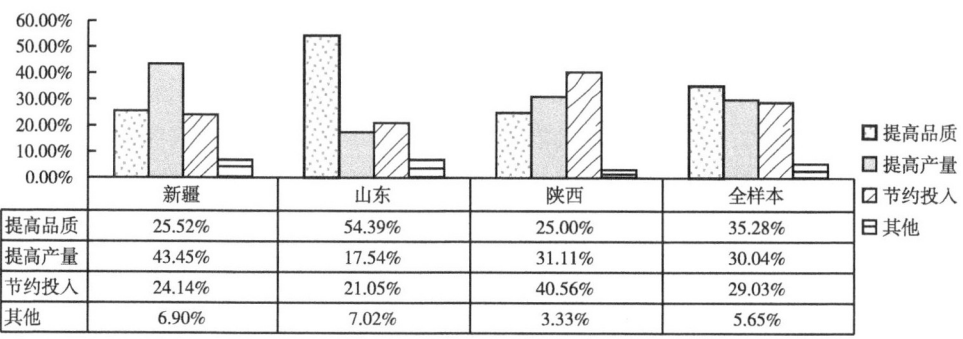

图5-2 不同地区瓜农新技术采用动因

(数据来源:基于调研数据整理)

占地区样本比重 54.39%。采用新技术的目的主要是提高甜瓜的品质，从外观、口感、甜度、香味等方面综合考虑，从无公害、绿色、有机角度出发，以此更适应甜瓜市场需求，满足消费者日益提高的农产品消费理念。其次为节约投入的技术，投入成本不断攀升的确是近年来甜瓜产业所面临的主要问题之一，尤其种子、化肥等农资投入品价格不断增加，市场劳动力雇用成本不断攀升，农户急需节本新技术解决当前困境。新疆地区由于调研期间多次受到自然灾害的影响，对于防治病虫害、提高产量的新技术需求较大，而陕西地区更倾向于减少投入成本。不论瓜农新技术动因是哪种，其目的都是提高生产利润，最终实现生产增收，所以新技术实际投入推广的前提，必然是新技术投入成本小于技术导致实际产出利润增加的部分。

5.1.2.3 瓜农采用新技术风险分析

技术风险是指由于采用新技术而引起人们收入的不确定性和生产经营环节的无序性，包括自然风险和社会风险（邱树广，1992）。以甜瓜新品种采用情况为例，分析瓜农新技术风险。对于甜瓜农户新品种采用风险的调研发现，农户主要存在以下3个方面的担忧：第一，新品种不适应当地土壤气候，难以成活；第二，即使有产出，但是新品种市场难以预测，无人收购；第三，新品种品质不好，即使有人收购，但是收购价格低于旧品种。这其中包括市场风险与自然风险。

农户采用新技术要负担一定的技术风险，而技术风险的存在制约着人们对科技进步的选择和应用，延缓了科技成果的转化率，减缓了生产力发展的进程，所以必须对技术风险进行转移。农户认为的风险转移方法为：第一，不采用新技术新品种；第二，看别人采用的情况再决定；第三，自己小面积试用后再决定。作为独立的生产单元，农户已经成为农业风险承担和应对的主体，农业的弱质性与分散的经营方式导致农户被动承受农业风险与不确定性带来的负效应，对于新技术农户只能通过更保守的方式规避风险，长此以往，不利于甜瓜产业的技术创新与推广。

5.2 瓜农环境友好型技术选择行为及影响因素分析

在绿色生产方式转变的背景下，研究农户对环境友好型农业技术采纳意愿，分析影响农户对环境友好型农业技术采纳意愿的因素，对于转变甜瓜产业生产方式，使甜瓜产业集约化、绿色化生产具有重要意义。肥料作为我国农业生产中重要的物质投入要素之一，对农作物产出和农民收入的提高有不可替代的作用。然而，随着我国农业生产中施肥量持续快速增加，尤其是化肥使用过量，而引发土壤污染、水体污染、大气污染、农产品质量等诸多问题。由此可知，化肥过量施用引起的环境质量衰退成为我国农业面源污染的主要诱因，推广环境友好型肥料成为加强农业面源污染治理的一项重要措施。近些年在自然资源环境拉动，与政策推动下，要求农户生产投入进行化肥减量、有机肥比例适当提高的生产形式。在此背景下，对于调研区域，甜瓜农户有机肥投入行为进行研究，以期探讨出适合甜瓜绿色产业发展的生产模式。

5.2.1 有机肥技术选择行为及影响因素

5.2.1.1 理论分析与模型构建

本研究将理性小农学派（Schultz，1964）的农户行为理论作为研究农户采用环境友好型农业技术的基础，认为农户采用某种技术是具有理性的，是以获取利益最大化为目标的。本研究综合大量文献，以甜瓜生产农户为调研对象，考察其有机肥施用行为，为甜瓜产业方式转变，绿色生产提供微观分析基础（王秀丽，2018；肖阳 等，2017；姜太碧，2015；颜璐，2013；褚彩虹，2012）。

本研究考察甜瓜农户有机肥施用情况，对于生产过程中施用某种有机肥选择为1，不施用某种有机肥选择为0，属于二分离散变量，同时将有机肥分为农家肥与成品有机肥2种。本研究中农家肥是指牲畜粪便，例如鸡粪、猪粪、羊粪、牛粪，是直接从畜禽养殖户购买并投入生产过程，并没有经过相关企业加工，没有经过无菌处理；而成品有机肥是指除了农家肥以外的有机肥料，调研过程中主要为饼肥、成品有机肥、生物菌肥等。由于2种肥料存在的一定替代作用，并且2种有机肥的选择受到很多相同的因素影响，因此随机扰动项可能相关。也就是说，选择这2种肥料投入生产并不相互独立，二者之间相互作用的结果如下：第一，只施用农家肥；第二，只施用成品有机肥；第三，既施用农家肥，又施用成品有机肥；第四，既不施用农家肥，又不施用成品有机肥。基于此，本研究选取

y_1 与 y_2 2 个变量分别表示甜瓜农户对农家肥与成品有机肥的选择情况，即定义 $y_1=1$，表示甜瓜农户施用农家肥；$y_1=0$ 表示甜瓜农户不施用农家肥；$y_2=1$，表示甜瓜农户施用成品有机肥；$y_2=0$，表示甜瓜农户不施用成品有机肥，则 2 种肥料投入相互作用的结果可以写成：(1, 0)、(0, 1)、(1, 1) (0, 0)。

基于以上设定，分析影响农户农家肥、成品有机肥施用的行为，建立联立双变量 Probit 模型，满足以下假设。第一，方程组的随机扰动项之间存在相关性，故需对此模型中的方程同时进行估计；第二，模型存在 2 个结果变量。模型设定如下：

$$\begin{cases} y_1^* = b_1 + \beta_1 X_1 + \varepsilon_1 \\ y_2^* = b_2 + \beta_2 X_2 + \varepsilon_2 \\ E(\varepsilon_1) = E(\varepsilon_2) = 0 \\ \operatorname{var}(\varepsilon_1) = \operatorname{var}(\varepsilon_2) = 1 \\ \operatorname{cov}(\varepsilon_1, \varepsilon_2) = \rho \end{cases} \quad (5-1)$$

式中，y_1^* 与 y_2^* 为不可观测的潜变量，本研究表示为施用农家肥、成品有机肥的效用；X_1 与 X_2 为影响农户农家肥、成品有机肥施用的各项因素；b_1，b_2，β_1，β_2 为相应的估计系数；扰动项 ε_1 与 ε_2 服从二维联合正态分布，两方程期望值 $E(\varepsilon_1)$，$E(\varepsilon_2)$ 均为 0，同时两方程方差值 $\operatorname{var}(\varepsilon_1)$，$\operatorname{var}(\varepsilon_2)$ 为 1，相关系数为 ρ，即：

$$\begin{pmatrix} \varepsilon_1 \\ \varepsilon_2 \end{pmatrix} \sim N \left\{ \begin{pmatrix} 0 \\ 0 \end{pmatrix}, \begin{bmatrix} 1 & \rho \\ \rho & 1 \end{bmatrix} \right\} \quad (5-2)$$

ρ 是 ε_1 与 ε_2 的相关系数，在 ρ 显著的前提下，若 $\rho=0$，表明 ε_1 与 ε_2 不相关，即模型中的 2 个方程可以分别估计，且分别估计与同时估计的结果完全一致；若 $\rho \neq 0$，则模型中的 2 个方程需要同时估计，其中 $\rho > 0$ 时，y_1 与 y_2 呈现互补效应，$\rho < 0$ 时，y_1 与 y_2 呈现替代效应（陈强，2014；褚彩虹，2012）。

由于 y_1 与 y_2 是模型结果变量，若 $y_1^* > 0$，表明施用农家肥的效用为正，则农户选择施用农家肥，即 $y_1=1$；反之，则 $y_1=0$。若 $y_2^* > 0$，表明施用成品有机肥的效用为正，则农户选择施用成品有机肥，即 $y_2=1$；反之，则 $y_2=0$。基于此，y_1，y_2 由以下方程决定：

5 瓜农生产技术选择行为及影响因素分析

$$y_1 = \begin{cases} 1 & 若 y_1^* > 0 \\ 0 & 若 y_1^* \leq 0 \end{cases} \quad (5-3)$$

$$y_2 = \begin{cases} 1 & 若 y_2^* > 0 \\ 0 & 若 y_2^* \leq 0 \end{cases} \quad (5-4)$$

本研究所建模型的被解释变量为农家肥、成品有机肥施用状况，解释变量分为4类：农户特征变量、家庭经营特征变量、生产与外部环境特征变量、技术认知与选择意愿特征变量。

5.2.1.2 变量定义与统计描述

统计结果表明，调研区域甜瓜农户施用有机肥（包括农家肥与成品有机肥）的农户占样本总量的71.88%，施用农家肥的农户占样本总量66.12%，施用成品有机肥的农户占样本总量27.82%。只施用农家肥的农户占样本总量的44.06%；只施用农家肥的农户占样本总量的5.76%；既施用农家肥，又施用成品有机肥的农户占样本总量的22.06%。由此可知，调研区域甜瓜农户施用的有机肥以农家肥为主。其主要原因是：首先，农家肥来源于畜禽养殖，获取渠道比较容易，部分农户获取从事畜禽养殖从而使得农家肥获取成本较低；其次，依据农业种植经验和种植习惯，尤其是对于经验丰富的农户，认为仅投入农家肥足够用于甜瓜生产，不需要追加其他有机肥投入。

（1）甜瓜农户特征。包括户主的户主年龄、文化程度、是否有社会公职、民族类型4个变量。①农户年龄对农家肥施用预期为正，年龄大的农户接收新事物、新技术的能力越弱，对于传统的生产方式依赖越强；同样道理，农户年龄对成品有机肥施用预期为负，越年轻的农户对于除农家肥以外的有机肥料投入更容易接受。②文化程度，即瓜农接受基础教育程度用"上过几年学表示（不包括后期参加的职业培训）"，预期对有机肥（包括农家肥与成品有机肥）的施用影响为正，认为文化水平高的农户对于先进的田间管理技术的水平更高，对于有机肥施用更容易接受。③是否具有社会公职用"是否为村干部"表示，预期对有机肥（包括农家肥与成品有机肥）的施用影响为负，身具社会公职对政策的理解程度更高，对于人的社会属性体现得更明显，对于技术的应用不仅只考虑利润的影响，同时兼顾对自然环境的保护，对于环境友好型技术的采纳更加支持。

④对于民族类型角度,预期对农家肥的施用影响为正,对成品有机肥的施用影响为负,调研区域少数民族多存在新疆地区,民族涉及回族、维吾尔族、藏族等。在这些地区少数民族生产方式相对落后,甜瓜生产水平相对较低,对新技术的采用并不积极,对环境友好型政策的采用可有可无,从增加农户个人投入的角度看,对环境友好型新技术的采用,十分被动。

(2)甜瓜农户家庭经验特征。种植甜瓜收入、甜瓜种植经验、种植规模、土地细碎化程度4个变量。①家庭种植甜瓜获得的收入越高,越对甜瓜市场有信心,在市场绿色农产品需求的刺激下,更愿意提高对有机肥的投入,预期对有机肥(包括农家肥与成品有机肥)的施用影响为正。②甜瓜种植经验用甜瓜种植年限表示,预期对农家肥施用影响为正,对成品有机肥的施用影响为负,认为经验丰富的农户受到传统种植习惯的影响,对成品有机肥接受程度较低。③种植规模,预期对农家肥的施用影响为正,对成品有机肥的施用影响为负,相对于成品有机肥,农家肥投入较低,种植面积越大,生产方式相对粗放,对有机肥施用意愿也越低。④土地细碎化程度,预期对农家肥的施用影响为负,对成品有机肥的施用影响为正,由肥料施用方式的方便程度来看,土地细碎化程度越低,对农家肥的施用期望越高;相反,土地细碎化程度越高,施用成品有机肥更方便。

(3)生产与外部环境特征。包括组织化程度、技术培训、政策环境、农业品牌4个变量,这几个变量代表了农户生产外部环境对施用有机肥的影响。①农户是否为专业合作组织成员预期对有机肥(包括农家肥与成品有机肥)的施用影响为正,一个正常运转的专业合作组织对市场信号的敏感程度较高,在绿色农产品需求刺激的背景下,对合作社成员的有机肥施用给予正确的引导。②参加农业培训预期对有机肥(包括农家肥与成品有机肥)的施用影响为正,农业技术培训可以提高农户的生产技术,扩展甜瓜种植户的视野,增加瓜农获取信息的渠道和来源,对于增加有机肥施用的必然趋势了解得更透彻,尤其是对增加成品有机肥投入的意识更加强烈。③政策环境变量,考察的是政府在农户有机肥施用中的影响程度,调查的是,农户认为村政府在"减少化肥,适量增加有机肥"绿色生产政策的支持或者宣传程度大小,备选项目有3个,分别是比较大=1;一般=2;比较小=3,依据问卷设置,预期对有机肥(包括农家肥与成品有机肥）的施用影响为负。④农业品牌预期对有机肥（包括农家肥与成品有机肥）的施用影响为正，本研究用地区是否获取认证的地理标识和认证的名牌农产品表示，基于绿色农产品的需求导向，区域品牌的认证往往伴随绿色产品认证，对于区域品牌辐射区内，促进农户有机肥施用，因此形成区域品牌对农户有机肥施用的影响为正向。

（4）技术认知与选择意愿特征。包括测土配方、化肥过量施用危害的认知、有机肥采用意愿、有机肥预期效果、有机肥信息渠道5个变量。①对于测土配方技术，是指导科学施肥的环境友好型技术，使用过测土配方或者为耕地测过土的农户，对于有机肥替代化肥的意愿更加强烈，预期对有机肥（包括农家肥与成品有机肥）的施用影响为正。②过量施用化肥会导致土壤污染、水体污染、农产品质量安全等一系列问题，对过量施用化肥危害的认证越清楚，对于有机肥替代化肥的意愿越强烈，预期对有机肥（包括农家肥与成品有机肥）的施用影响为负。③有机肥采用意愿，对于化肥、有机肥的认知只是农户有机肥尤其是成品有机肥投入的第一步，实际采用有机肥，需要农户有采用意愿，意愿越强，对有机肥采用的可能性越大，预期对有机肥（包括农家肥与成品有机肥）的施用影响为正。④有机肥预期效果，基于农户角度，新技术的采用必须是可获利的，即技术获利大于新技术投入成本，当农户认为增加有机肥投入能从中获益，则投入行为会增加，该变量预期对有机肥（包括农家肥与成品有机肥）的施用影响为正。⑤有机肥信息渠道较多的农户，对有机肥施用的可能性越大，该变量预期对有机肥（包括农家肥与成品有机肥）的施用影响为正。

变量选择与统计描述见表5-3。

表5-3 变量选择与统计描述

变量名称	变量定义	均值	标准差	类型	预期影响	
					农家肥	成品有机肥
被解释变量：						
农家肥施用情况 y_1	是否施用农家肥，是=1，否=0	0.66	0.47	二分类		
成品有机肥施用情况 y_2	是否施用成品有机肥，是=1，否=0	0.28	0.45	二分类		

(续表)

变量名称	变量定义	均值	标准差	类型	预期影响 农家肥	预期影响 成品有机肥
解释变量:						
户主年龄 lnAge	户主的年龄	3.84	0.24	连续型	+	-
文化程度 Edu	户主受基础教育年限	8.15	2.64	连续型	+	+
社会公职 Admin	是否为村干部,是=1,否=2	1.94	0.24	二分类	+	+
民族类型 Ethnic	是否为少数民族,是=1,否=0	0.10	0.30	二分类	+	+
种瓜收入 Income	种植甜瓜最近3年平均收入	1.51	0.81	连续型	+	+
种瓜经验 Experience	甜瓜种植年限	2.40	0.80	连续型	+	+
种植规模 Scale	甜瓜种植面积	2.04	1.09	连续型	+	+
土地细碎化 No.	土地细碎化程度,用几块耕地表示	4.14	2.49	连续型	+	+
组织化程度 Cooperation	是否参加了农民合作组织,是=1,否=0	0.25	0.43	二分类	+	+
技术培训 Training	是否参加甜瓜种植技术培训,是=1,否=0	0.42	0.49	二分类	+	+
政策环境 Subsidy2	认为村政府在"减少化肥,适量增加有机肥"绿色生产政策的支持或者宣传程度,比较大=1;一般=2;比较小=3	2.20	0.72	多分类	-	-
农业品牌 Brand	甜瓜是否申请农业品牌,是=1,否=0	0.57	0.49	二分类	+	+
测土配方 c372	地块是否使用过测土配方,是=1,否=0	0.16	0.36	二分类	+	+
化肥认知 c241	过量使用化肥是否有危害,是=1,否=0	0.82	0.38	二分类	-	-
有机肥意愿 c244	是否愿意增加有机肥使用,是=1,否=0	0.83	0.35	二分类	+	+
有机肥效果 c39	增加有机肥施用,是否能从中获益,是=1,否=0	0.71	0.45	二分类	+	+

（续表）

变量名称	变量定义	均值	标准差	类型	预期影响	
					农家肥	成品有机肥
信息渠道 c323	有机肥信息获取渠道多样形式，1 种获取渠道=1；2 种=2；3 种=3；4 种=4；5 种及以上=5	3.05	0.99	多分类	+	+

注：有机肥信息获取渠道包括①传统媒体，如广播、电视、报纸或杂志；②互联网媒体，如微信、QQ、微博、网页；③农资经营部；④邻里亲朋；⑤农技站、合作社；⑥村布告信息栏。

5.2.1.3 模型估计与结果分析

本部分基于调查数据，利用 Stata 15.0 统计软件对农户采用环境友好型农业技术的影响因素进行联立双变量 Probit 模型估计。参数估计结果和模型检验结果如表 5-4 所示。总体上看，联立双变量 Probit 模型的拟合程度较好，且本书主要解释变量都通过了显著性检验，各变量的系数符号与预期的影响方向基本一致，对农家肥施用情况影响因素方向存在不一致的情况。模型的估计结果在 5% 的水平上显著，表明农户对成品有机肥和农家肥的选择是相关的，两者相互作用、相互影响。同时，$\rho>0$ 表明成品有机肥和农家肥呈现互补效应，而非替代效应，即施用农家肥的甜瓜种植户同时投入成品有机肥的概率大于没有施用农家肥的农户。

表 5-4 有机肥技术选择影响因素回归结果

解释变量	农家肥		成品有机肥	
	回归系数	稳健标准误	回归系数	稳健标准误
农户特征变量：				
户主年龄 Age	1.260***	0.477	−0.450	0.536
文化程度 Edu	0.122***	0.039	0.065*	0.035
社会公职 Admin	−0.390	0.295	−0.315	0.343

(续表)

解释变量	农家肥		成品有机肥	
	回归系数	稳健标准误	回归系数	稳健标准误
民族类型 Ethnic	1.003***	0.278	-1.058**	0.515
家庭经营特征：				
种瓜收入 Income	0.325***	0.129	0.243	0.159
种瓜经验 Experience	0.009	0.128	0.061	0.137
种植规模 Scale	-0.162	0.118	-0.439***	0.127
土地细碎化 No.	0.026	0.038	0.080**	0.040
生产与外部环境特征：				
组织化程度 Cooperation	0.521***	0.184	0.090	0.222
技术培训 Training	0.476***	0.182	0.482**	0.228
政策环境 Subsidy2	-0.009	0.130	-0.339**	0.143
农业品牌 Brand	-0.003	0.179	0.568***	0.213
技术认知与选择意愿特征：				
测土配方 c372	0.458**	0.214	0.633***	0.211
化肥认知 c241	-0.523**	0.253	-0.208	0.259
有机肥意愿 c244	0.186	0.240	0.546**	0.256
有机肥效果 c39	0.238	0.196	0.638***	0.207
信息渠道 c323	-0.075	0.088	0.499***	0.125
d1 新疆	-0.409	0.304	-2.844***	0.475
d2 山东	0.344*	0.208	-1.068***	0.240
_cons	-5.654***	2.110	-5.473**	2.708

(续表)

解释变量	农家肥		成品有机肥	
	回归系数	稳健标准误	回归系数	稳健标准误
观察值	496			
LOG	−277.748			
ρ	0.253**			
Wald test of rho=0：chi2（1）= 4.074 14		Prob > chi2 = 0.043 5		

注：*、**、*** 分别表示在10%、5%、1%显著性水平上显著。

（1）户主特征变量的影响如下。

年龄变量对农家肥的影响为显著正向，在1%水平上显著，说明年龄大的农户对于新技术的接受程度较低，对于传统的农业生产习惯较难打破。户主年龄对农户施用成品有机肥有负向影响，与预期相符，但是不显著。户主年龄较小的农户对新型农业技术的接受程度高于户主年龄稍大的农户。这有两层原因，一是年龄较小的甜瓜种植户对技术的使用惯性相对较小，与年龄大的农户相比，对自身的种植经验更多呈现批判试思维；二是年龄相对较小的甜瓜种植户对新知识新技术的学习能力较强，对信息化带来的技术变革接受度更高。

户主受教育程度对农户施用有机肥（包括农家肥与成品有机肥）有正向显著影响，与预期相符。调查显示，受教育程度较高的户主在农业生产中善于"精打细算"，他们对市场信息敏感度较高，对农产品消费市场的了解程度较深，对于绿色甜瓜生产的需求较高，他们认为即使加大投入有机肥，甚至是成品有机肥，增加了生产成本和劳动力，但是获取的利润足以弥补生产投入。

社会公职变量方向与预期相符，但是无论对农家肥还是对成品有机肥的选择意愿均不显著，可能的原因是在调研过程中，对于村干部样本量不足，其均值仅为1.94，表示大部分调研对象都不具备社会职务，这对于研究结果造成了一定影响，是在以后进一步研究中需要改进的方面。

民族类型变量方向与预期相符，且分别在1%、5%水平上显著。与调研情况一致，调研区域少数民族多存在新疆地区，生产方式相对落后，甜瓜生产水平相对较低，对新技术的采用并不积极，对环境友好型政策的采用可有可无。由于成品机肥施用技术需要增加投入，则这部分少数民族农户对环境友好型新技术的采用，十分被动。新疆地区少数民族甜瓜生产者占一定比重，新疆地区提高甜瓜产业效率，转变绿色生产方式，需要提高少数绿色生产的意识。

（2）甜瓜农户家庭经验特征如下。

甜瓜收入变量对有机肥的影响方向与预期一致，但是对农家肥的影响显著为正，对成品有机肥的影响不显著，这可能跟调查数据的误差有关。施用有机肥尤其是农家肥，需要投入较多的劳动力，与化肥相比投入有机肥成本相对更高，所以收入越高的农户，更愿意提高对肥料的投入，以获取更高额的利润。

种植经验变量对农家肥施用的影响为正，说明甜瓜种植经验越丰富，越愿意增加有机肥的投入；对成品有机肥施用的影响与预期不一致，预期影响为负，但是模型结果显示影响为正，可能的原因是部分调研地区受到技术扩散因素的影响。对于种植年龄较大的农户，其周围成品有机肥施用技术环境较好，可见收益回报较高，促使经验丰富的瓜农投入成品有机肥。但是变量对这2种施肥情况的影响都不显著，可能是调研数据误差问题，后续研究注意避免。

种植规模变量对有机肥的施用影响为均负，农家肥与预期不一致，成品有机肥与预期一致，且在1%水平上显著。可能的原因为样本中涉及新疆地区大规模农户，规模越大对有机肥投入越大，运输成本、施用的劳动力成本均较高，而在种植效益小于有机肥投入时，有机肥投入意愿降低。所以呈现出规模越大对农家肥、成品有机肥的投入意愿越低，根据实际调查情况，成品有机肥多在中规模、小规模农户中使用，大规模农户较少应用成品有机肥。

（3）生产与外部环境特征如下。

是否为农民专业合作社成员对农户施用成品有机肥有正向影响，对农家肥施用在1%的水平上显著，与预期相符。农民专业合作社在农业生产中发挥了积极作用，有效促进了农户对新型环境友好型农业技术的采用。

是否具有农业技术培训经历对农户施用农家肥、成品有机肥均有正向影响，且分别在1%和5%的水平上显著，与预期相符。这表明，农业技术培训对有机肥的推广与应用具有重要影响。技术培训伴随的是认知的提升，即参加过技术培训的甜瓜种植户对农家肥、成品有机肥对农业生产和环境保护的作用产生了一定的认知，认知会促使甜瓜种植户对有机肥施用的态度发生转变。这种转变一定程度上促进了有机肥施用行为的产生。尤其是对园艺类高价值的农产品，劳动密集型、精细化作业的农业生产模式使得培训的有效性更加突出。

政策环境变量对有机肥有负向影响，尤其是对成品有机肥的投入影响在5%水平下显著，农家肥的投入多与种植经验相关，但对于成品有机肥而言政府的宣传起到了引导作用，尤其是在成品有机肥市场混乱的现状下，政府规范成品有机肥市场，引导甜瓜等高效园艺作物产业绿色有机生产起到重要作用。然而在调查中发现，主产区对于有机肥的政策宣传与补贴行为较少，大部分农户认为政府在这方面引导程度较低，近几年仅在山东、陕西某些地区村政府推广过生物菌施肥技术。甜瓜主产区政府在这方面需要加强引导作用。

农业品牌对成品有机肥的施用影响为正，在1%水平上显著，对农家肥的影响为负。在农业品牌覆盖范围内，对于甜瓜质量的要求相对较高，对于产业化、专业化、规模化、标准化生产方式程度较高，基于农产品消费市场导向，往往伴随绿色、有机的生产方式，这也是农业品牌对成品有机肥施用行为起正向作用的主要原因。

（4）技术认知与选择意愿特征如下。

测土配方技术是指导科学施肥的环境友好型技术，使用过测土配方，或者为耕地测过土的农户，对于有机肥替代化肥的意愿更加强烈，对有机肥（包括农家肥与成品有机肥）的施用影响为正，且在5%、1%水平上显著。推动测土配方技术大范围施用，有利于甜瓜产业升级与绿色发展。

过量施用化肥的认知、有机肥采用意愿、有机肥预期效果等主观变量均对有机肥施用产生影响，且与预期情况一致。对过量施用化肥危害越清楚，对于有机肥替代化肥的意愿越强烈，对有机肥（包括农家肥与成品有机肥）的施用影响为负；对有机肥采用意愿越强，对有机肥施用后达成效果认知越清晰的农户，越会采用有机肥。但是化肥认知变量对农家肥影响显著，有机肥意愿与预期效果变量对成品有机肥影响显著，可能的原因是在调研过程中，某些农户下意识地把有机肥仅当作成品有机肥考虑了。

有机肥信息渠道对农户施用成品有机肥和农家肥的影响方向不一致，对施用成品有机肥影响的方向一致，且在1%水平上显著，对施用农家肥影响的方向不一致，可能的原因是农家肥施用更多受到传统种植习惯的影响。而成品有机肥市场化程度较高，农户需要筛选各种信息去获取成品有机肥，信息渠道越多，农户对成品有机肥了解越深入，更愿意投入使用。

5.2.2 成品有机肥施用量影响因素分析

5.2.2.1 模型构建与变量定义

为进一步分析瓜农对成品有机肥施用量的影响，建立甜瓜农户成品有机肥施用量的计量模型。被解释变量为甜瓜种植户每亩成品有机肥投入量（对数），为连续变量，所以运用角点解模型回归方法。本部分采用Tobit模型来分析瓜农对成品有机肥施用量的影响，模型具体形式如下：

$$y_i^* = \alpha + \beta X_i + e_i \tag{5-5}$$

$$y_i = \begin{cases} y_i^*, & y_i^* > 0 \\ 0, & y_i^* \leq 0 \end{cases} \tag{5-6}$$

式中，y_i 为甜瓜农户成品有机肥施用量；X_i 为影响甜瓜农户投入成品有机肥量的影响因素（具体解释变量见5.2.1节，表5-3）；α 为常数项；β 为解释变量的待估参数；e_i 为随机误差项，当被解释变量的观测值 $y_i^* > 0$ 时，取 $y_i = y_i^*$；当被解释变量的观测值 $y_i^* \leq 0$ 时，取 $y_i = 0$。基于此分析瓜农对成品有机肥施用量的影响，回归结果如下。

5.2.2.2 模型估计与结果分析

进一步分析成品有机肥施用量影响因素，其影响结果与是否采用成品有机肥的回归结果相似（表5-5），具体如下。

表5-5 成品有机肥施用量影响因素回归结果

解释变量	回归系数	标准差	t 值
农户特征变量：			
户主年龄 Age	-0.49	0.65	-0.75

（续表）

解释变量	回归系数	标准差	t 值
文化程度 Edu	0.06*	0.04	1.71
社会公职 Admin	-0.35	0.44	-0.79
民族类型 Ethnic	-0.78**	0.37	-2.1
家庭经营特征：			
种瓜收入 Income	0.25*	0.14	1.77
种瓜经验 Experience	0.05	0.17	0.31
种植规模 Scale	-0.35**	0.16	-2.18
土地细碎化 No.	0.08	0.05	1.46
生产与外部环境特征：			
组织化程度 Cooperation	0.11	0.27	0.40
技术培训 Training	0.71***	0.25	2.80
政策环境 Subsidy2	-0.36**	0.17	-2.03
农业品牌 Brand	0.09	0.25	0.34
技术认知与选择意愿特征：			
测土配方 c372	1.08***	0.29	3.75
化肥认知 c241	-0.05	0.32	-0.15
有机肥意愿 c244	0.68**	0.31	2.15
有机肥效果 c39	0.62**	0.26	2.41
信息渠道 c323	0.59***	0.12	4.97
d1 新疆	-2.95***	0.48	-6.17
d2 山东	-1.44***	0.32	-4.54
_cons	-0.26	2.92	-0.09

注：*、**、***分别表示在10%、5%、1%显著性水平上显著。

（1）户主特征变量方面。文化程度和民族类型，对甜瓜种植户成品有机肥施用量的影响显著，文化程度越高、非少数民族的甜瓜种植户，成品有机肥的施用量越高。受教育程度和社会公职，对甜瓜种植户成品有机肥的施用量影响并不显著。

（2）甜瓜农户家庭经验特征方面。种瓜收入和种植规模，对成品有机肥施用量的影响显著，种瓜收入越高、种植规模越低的农户对每亩成品有机肥的投入量越高。甜瓜收入对是否采用成品有机肥影响不显著，但是对成品有机肥施用量具有显著影响，成品有机肥投入成本相对较高，只有高收入农户，才愿意并且买得起成品有机肥。种植经验与土地细碎化，对甜瓜种植户成品有机肥的施用量影响并不显著。

（3）生产与外部环境特征方面。农业技术培训经历与政策环境，对甜瓜种植户成品有机肥施用量的影响显著，参加过技术培训的农户、在绿色技术政策宣传较多的环境中，成品有机肥的施用量更多。组织化水平、农业品牌，对甜瓜种植户成品有机肥的施用量影响并不显著。尤其是组织化水平，显著影响农户是否采用成品有机肥，但是对于施用量影响不显著，说明了合作社对与环境友好型技术的推广起到一定的作用，但是对于更加专业的生产方式或者说细致到施用量的技术，相关培训的指导作用更强。

（4）技术认知与选择意愿方面。测土配方技术、有机肥采用意愿、有机肥预期效果、有机肥信息渠道均对甜瓜种植户成品有机肥施用量的影响显著，接受过测土配方的农户、对有机肥采用意愿更强烈的农户、认为采用有机肥更能获取收益的农户、有机肥获取渠道更多的农户，成品有机肥施用量更高。

5.3 本章小结

本研究主要分为 2 部分，第一部分分析了调研区域甜瓜农户技术需求情况与新技术采用行为，发现农户技术采纳的根本动因为新技术获取利益大于新技术投入成本。第二部分基于环境友好型技术推广视角，利用联立双变量 Probit 模型，研究瓜农环境友好型技术采用情况及影响因素分析，从实证角度证明了农户采纳某种技术，是预期这种技术可得收益；进一步运用 Tobit 模型分析环境友好型技术采用量的影响问题，具体结果如下。

（1）不同区域农户技术需求具有异质性。从全样本角度，提高品质的良种技术是农户需求频率最高的选项，露地、大规模种植的新疆地区对增产的良种技术、储藏保鲜技术需求程度较高；设施、中规模种植的陕西地区对劳动力节约技术、增产的良种技术需求程度较高；设施小规模种植山东地区，对提高品质的良种技术需求程度较高。

（2）农户技术采用的最终目的都是提高生产利润。主产区农户技术推广渠道方式多，但是效果并不好，多数种植户自己摸索或者向邻里学习新技术，技术获取基于提高生产利润。而技术成效的不确定性、生产利润不确定性，既是影响农户采用新技术的原因，也是农户面对农业技术风险的主要成因。甜瓜产业技术风险规避方式仅为农户被动承受，缺乏正规机制，长此以往不利于甜瓜产业技术创新与推广。

（3）采用联立双变量 Probit 模型的实证分析结果显示。文化程度、民族类型、种植规模、参加技术培训、政策环境、技术采用意愿、技术采用效果预期、技术获取信息渠道多样化，是影响成品有机肥施用的主要影响因素。要想达成甜瓜产业绿色发展，需要提高农户文化水平，组织相关环境友好型技术培训，增加环境友好型技术获取渠道，政府履行宣传引导作用，必要时给予补贴。

（4）采用 Tobit 模型实证分析结果显示。是否使用成品有机肥与有机肥施用量的影响因素比较相似，文化程度、民族类型、种瓜收入、种植规模、技术培训、政策环境、测土配方技术、有机肥采用意愿、有机肥预期效果、有机肥信息渠道均对甜瓜种植户成品有机肥施用量的影响显著，正确指导农户施用成品有机肥，需要增加相关技术培训频次，推广测土配方施肥技术。

6 瓜农生产技术效率及影响因素分析

以蔬菜、水果为代表的高效园艺类作物是我国农业的支柱产业，也是促进农民增收的主要品种作物。由于耕地面积的稀缺，农业机构调整与优化，农业生产技术效率影响农户种植的积极性，从而影响高效园艺类作物产量的提高与产业的可持续发展（刘天军，2013）。技术效率表示在技术、价格不变的前提下，给定要素投入所能获得的最大产出（Farrell，1957），从短期发展来看，优化高效园艺作物投入配置，提高生产的技术效率，是增加产量的主要途径（曾雅婷 等，2018；高鸣，2014；杨皓天 等，2016）。本章运用异质性随机前沿生产函数，基于调研数据测算不同生产规模种植户甜瓜生产的技术效率水平以及平均技术效率，分析不同规模甜瓜种植户效率损失的影响因素，分析不同规模、不同区域甜瓜种植户生产技术效率与影响因素的差异性。

6.1 理论分析与模型构建

6.1.1 理论分析

效率的测度方法最早由 Farrell（1957）提出，认为生产的技术效率由技术效率与规模效率构成，是实际产出与理论最大产出的比值。在一般情况下，农户往往是首先利用现有的资源而不是对其重新组合进而从降低成本中获益，因此更多情况对效率的测量是针对技术效率。因此，本章具体考察甜瓜种植户生产的技术效率。对效率的研究方法主要包括 2 种：一是 Charnes et al.（1978）提出的数据包络分析方法（DEA），属于非参数方法；二是 Aigner et al.（1977）提出的随机前沿分析法（SFA），属于参数方法。与数据包络分析方法相比，随机前沿分析法较为稳定，不易受异常点影响，尤其是在分析充满噪声的农业数据时，随机前沿函数法对数据的拟合程度更优（Fφrsund, 1980; Gong, 1989; Coelli, 2005; 刘天军，2013），因此，本章基于随机前沿生产函数模型测度甜瓜种植户生产技术效率。

随机前沿生产函数也称随机边界生产函数，即任何经济个体都无法超出产出边界，而偏离的程度便可视为其无效率部分。由 Aigner et al.（1997）与 Meeusen et al.（1977）分别独立提出，随后在计量经济学领域得到广泛应用。传统的随机前沿生产函数模型如下：

$$y_i = [f(x_i, \beta) \exp(v_i)] \cdot TE_i \tag{6-1}$$

式中，$TE_i \in (0, 1]$）为第 i 个生产单位的产出效率，$f(x_i, \beta)\exp(v_i)$ 即随机边界，所谓"随机"是指对产出边界的设定中考虑了随机因素的影响，两边取对数。

$$\ln(y_i) = \ln\{f(x_i, \beta)\} + v_i - u_i \tag{6-2}$$

式中，$u_i = -\ln(TE_i)$，则 $TE_i = exp(-u_i)$，当存在 k 个解释变量的时候，模型形式如下：

$$\ln(y_i) = \beta_0 + \sum_{j=1}^{k} \beta_j \ln(x_{ji}) + v_i - u_i \tag{6-3}$$

在实证分析中，一般表示为：

$$y_i = x_i\beta + \varepsilon_i, \quad \varepsilon_i = v_i - u_i \tag{6-4}$$

式中，y_i 为实际产出；$f(x_i, \beta)$ 为生产函数，是现有技术条件下的最佳产出；x_i 为投入要素；β_j 为待估参数向量；ε_i 为混合干扰项；v_i 为常规意义上的随机干扰项，用来判别测量误差和随机干扰效果，其服从正态分布且彼此独立，即 $v_i \sim N(0, \sigma_{v,i}^2)$，$u_i$ 为第 i 个样本技术无效率的部分，其存在只会降低农业产出，是样本产出与生产可能性边界的距离，由于具有单边分布的特征，假设其服从半正态分布，即 $u_i \sim N^+(\omega, \sigma_{u,i}^2)$。实证研究中，通常将随机前沿生产函数设定为柯布-道格拉斯（Cobb-Douglas）生产函数和超越对数（Trans-log）生产函数。进行模型的生产要素种类较多时，使用超越对数生产函数形式将使结果变得很复杂，尤其是研究重点在于技术效率（TE）时，生产函数形式对技术效率估计结果影响很小。综上所述，由于本章研究的是各类投入要素下技术效率水平，要素种类较多，选取 C-D 生产函数为随机前沿生产函数的基准模型。

传统的随机前沿分析方法，农户技术效率用样本实际产出与生产前沿函数理论最大产出比值测度，其假设为样本技术水平处于同一集合，即具有相同的生产前沿（Battese et al.，1977，1995），而在实际中这一假设是不成立的，即个体异质性与无效率部分区别没有讨论，这种情况会在一定程度上影响技术效率估计值，致使我们估计出的效率值有偏。因而采用异质性随机前沿分析方法更为合理，既可以分析外生变量对技术无效率项的影响，又可以分析外生变量对无效率方差的影响，测定在外生变量下个体的技术效率值（于明超，2010）。异质性随机前沿生产函数如下：

$$y_i = x_i\beta + v_i - u_i$$
$$v_i \sim N(0, \sigma_{v,i}^2) \quad (6-5)$$
$$u_i \sim N^+(\omega_i, \sigma_{u,i}^2)$$

对无效率项 u_i 的异质性设定为：

$$\omega_i = \exp(b_0 + z_i\delta)$$
$$\sigma_{u,i}^2 = \exp(b_1 + z_i\gamma) \quad (6-6)$$

式中，y_i 为实际产出；x_i 为影响产出投入要素；β 为待估参数向量；ε_i 表示混合干扰项；v_i 为随机干扰项；u_i 为技术无效率的部分；ω_i 为外生变量干扰使生产函数偏离生产前沿的程度；σ_i^2 为偏离的波动性；b_0、b_1 分别为无效率的均值模型和方差模型的常数项；z_i 为影响技术无效率的均值模型和方差模型的外生变量；δ，γ 为带估参数（梁文群，2016）。

6.1.2 模型构建

基于上述理论分析，本节采用基于 C-D 生产函数的随机前沿模型分析和测算农户生产技术效率，基于式（6-5）形式如下：

$$\ln Y_i = \beta_0 + \beta_1\ln(x_1)_i + \beta_2\ln(x_2)_i + \beta_3\ln(x_3)_i + \beta_4\ln(x_4)_i + \beta_5\ln(x_5)_i + \beta_6\ln$$

$(x_6)_i + \beta_7 \ln(x_7)_i + \beta_8 \ln(x_8)_i + \beta_9 \ln(x_9)_i + \beta_{10} \ln(x_{10})_i + v_i - u_i$ (6-7)

式中，i 为农户样本序号，产出变量与投入变量均为单位面积计量；Y_i 为单位面积甜瓜收入；x_1 为单位面积化肥投入；x_2 为单位面积有机肥投入；x_3 为单位面积农药投入；x_4 为单位面积种苗投入；x_5 为单位面积农膜投入；x_6 为单位面积机械费用投入；x_7 为单位面积水电费投入；x_8 为单位面积设施折价投入；x_9 为单位面积家庭劳动力投入；x_{10} 为单位面积雇用劳动力投入。预期除了农药投入，其他投入要素对甜瓜单产均为正向影响。因为农药投入对甜瓜产量的影响取决于农药的使用是为了控制病虫害还是预防病虫害。若是为了预防病虫害，农药的投入预期对甜瓜产量有正向效应；反之，农药投入预期对甜瓜产量有负向效应，因为无法预先区分这两者的效应，故农药投入对甜瓜产量的影响效应不确定。

基于式（6-6）对甜瓜农户生产无效率均值和方差影响因素模型设定形式如下：

$$\omega_i = b_0 + \delta_1 Cultivation + \delta_2 Cooperation + \delta_3 Training + \delta_4 Policy + \delta_5 Brand$$ (6-8)

$$\sigma_{u,i}^2 = b_1 + \gamma_1 Cultivation + \gamma_2 Cooperation + \gamma_3 Training + \gamma_4 Policy + \gamma_5 Brand$$ (6-9)

式中，i 为农户样本序号，影响无效率均值和方差的因素分别表示栽培方式、组织化程度、培训情况、政策环境、农业品牌。b_0，b_1 分别为无效率均值模型和方差模型的常数项，$\delta_k(k=1,2,3,4,5)$，$\gamma_k(k=1,2,3,4,5)$ 为带估参数。

6.2 数据来源与统计描述

6.2.1 不同规模农户投入产出情况统计描述

课题组围绕甜瓜种植户生产情况设计问卷，对新疆、山东、陕西地区瓜农进行调查，具体情况说明见第 4.2 节。表 6-1 为不同规模、不同区域瓜农种植面积统计情况。不同规模农户分类标准的划分、不同区域的选择说明见第 3

章。从甜瓜种植规模来看，新疆种植面积宽度最大，最小面积有 1 亩，最大种植面积达到 600 亩，新疆地区样本种植面积均值为 43.46 亩，从这个层面体现了新疆地区具有较高的土地资源禀赋，属于大规模种植地区；陕西甜瓜农种植规模处于新疆和山东之间，多以中规模种植为主，最大种植面积为 32 亩，平均值为 7.88 亩；在 3 个调研区域，山东种植面积相对最小，最大种植面积仅为 12 亩，平均值仅为 4.19。由于东部地区人口密度较大，人均耕地资源相对较少，属于相对稀缺资源，这一点从地租上也能明显体现。4 亩以下、4~8 亩、8~20 亩、20 亩以上经营规模的样本甜瓜平均种植面积分别为 2.21 亩、5.22 亩、11.37 亩、58.54 亩。从样本整体角度分析，平均种植面积为 17.02 亩，属于中规模范围。

表 6-1 不同规模、不同区域瓜农种植面积统计情况

项目	频数	占样本比重	最小值（亩）	最大值（亩）	均值（亩）	标准差
新疆	145	29.23%	1	600.00	43.46	77.93
山东	171	34.48%	1	12.00	4.19	2.45
陕西	180	36.29%	1	32.00	7.88	5.54
小于 4 亩	110	22.18%	1	3.70	2.21	0.79
4~8 亩（包括 4）	160	32.26%	4	7.00	5.22	0.99
8~20 亩（包括 8）	125	25.20%	8	18.00	11.37	3.20
大于 20 亩（包括 20）	101	20.36%	20	600.00	58.54	88.89
全体样本	496	100.00%	1	600.00	17.02	45.52

如表 6-2 所示，4 组不同规模农户样本、单位面积收入依次降低，4 亩以下小规模农户亩均收入 8 300 元，4~8 亩中小规模农户亩均收入 8 800 元，8~20 亩中大规模农户亩均收入 5 600 元，20 亩以上大规模农户亩均收入 2 900 元。4~8 亩中小规模农户亩均收入最高。

6 瓜农生产技术效率及影响因素分析

表6-2 不同规模瓜农投入产出统计描述

不同规模	项目	收入	化肥	有机肥	农药	种苗	农膜	机械	水电	设施	家庭劳动	雇用劳动
4亩以下	最小值	1 000	80	0	0	50	63	0	30	0	814	0
	最大值	50 000	3 100	2 500	500	2 000	2 550	300	400	6 000	6 512	2 700
	均值	8 300	752	773	98	719	693	117	117	1 545	2 601	274
	标准差	9 100	636	532	136	462	351	52	64	996	1 910	547
4~8亩	最小值	1 000	0	0	0	50	50	0	50	0	407	0
	最大值	45 000	3 140	3 580	1 000	2 400	2 050	300	800	5 000	4 884	1 920
	均值	8 800	655	669	107	553	685	111	138	1 037	1 237	204
	标准差	5 800	631	564	195	440	337	44	105	838	847	365
8~20亩	最小值	1 000	0	0	0	18	30	30	20	0	122	0
	最大值	40 000	2 000	2 500	1 625	6 000	3 060	300	1 000	5 500	1 436	2 000
	均值	5 600	481	485	62	489	441	104	174	822	536	481
	标准差	4 900	378	373	182	723	464	49	128	783	439	321
20亩以上	最小值	0.00	0	0	0	30	13	25	50	0	10	0
	最大值	10 000	1 660	1 000	3 000	4 000	2 300	1 500	990	1 400	555	1 733
	均值	2 900	418	375	86	295	232	92	196	185	187	163
	标准差	2 200	279	232	304	463	370	149	130	362	190	317

注：收入为单位面积收入，单位为元/亩；投入项目，化肥、有机肥、农药、种苗、农膜、机械、水电、设施、劳动力均以价值量计算，单位为元/亩。家庭劳动力投入由于调查较为困难，则用家庭劳动力人数×工作天数×每单位人工成本/种植面积（工作天数归纳为30天，每天工作8小时；每单位人工成本参考《2017成本收益年鉴》，数值为81.4）。

从要素投入角度，对比4组不同规模农户样本，单位面积投入项目总和依次降低，4亩以下小规模农户亩均要素投入5 053元，4~8亩中小规模农户亩均收入4 112元，8~20亩中大规模农户亩均收入2 962元，20亩以上大规模农户亩均收入2 042元。具体来看，除了农药投入与水电费以外，其他各要素投入也满足依次降低的规律。农药投入主要由地区施用习惯和当期病虫害情况决定，水电费大规模农户投入更大，主要原因是大规模农户样本主要是干旱和半干旱地区，水价政策导致水电费投入更高。

6.2.2 影响因素统计描述

如表6-3所示,参考以往研究文献(朱丽娟,2018;余玉敏,2018;黄祖辉,2014),结合调研区基本情况,选取栽培模式、组织化程度、培训情况、政策环境、农业品牌作为影响生产效率的因素,探讨以上因素对瓜农生产效率与效率稳定性的影响。

表6-3 瓜农生产技术效率影响因素描述统计

变量名称	变量定义	均值	标准差
栽培模式 Cultivation	选择哪种栽培模式,设施=1,露地=0	0.78	0.41
组织化 Cooperation	是否参加了农民合作组织,是=1,否=0	0.25	0.43
技术培训 Training	是否参加甜瓜种植技术培训,是=1,否=0	0.42	0.49
政策环境 Policy	是否有支持政策,是=1,否=0	0.26	0.44
农业品牌 Brand	甜瓜是否申请农业品牌,是=1,否=0	0.57	0.49

(1) 栽培模式。栽培模式角度,多数甜瓜种植户选择设施种植的方式,主要集中于山东、陕西,设施种类包括小拱棚、中大棚、温室。露地栽培模式主要集中在新疆,均值为0.78,说明大部分农户采用设施栽培方式,栽培模式对于甜瓜生产效率具有影响,预期设施栽培模式对甜瓜生产效率提高起到促进作用。

(2) 组织化程度。规范的专业合作组织在生产、销售等方面对瓜农有很强的促进作用,对瓜农生产资料的获取、生产技术信息的接收、销售渠道与产品议价都有积极的影响,不仅可以节省投入成本,还提升了农户市场议价能力,样本仅有25%的人参加合作社,调研区域瓜农组织化程度一般,预期组织化程度越高对甜瓜生产效率提高起到促进作用。

(3) 培训情况。有效的农业技术培训可以提高农户的生产技术,从而提高甜瓜农户生产效率,有42%的甜瓜种植户曾经参加过农业技术培训,说明甜瓜主产区对于农业技术的推广还有待提高，预期参加相关技术培训对甜瓜生产效率提高起到促进作用。

（4）政策环境。政府是否对甜瓜生产者有扶持政策会一定程度上降低甜瓜投入成本。问卷设置了3个答案，即现在有扶持政策；以前有过扶持政策，但现在没有；从来没有过扶持政策，将调研问卷的此变量进行整理，对于本期生产享受扶持政策的设为1，对于以前有过但现在没有享受，以及从来没有享受过扶持政策的设为0。调研过程中主要的政策支持方式为直接发放生产设施或者鼓励设施生产补贴，例如大棚骨架、大棚膜，环境友好型有机肥补贴，环境友好型灌溉方式补贴。这些支持项目一定程度上减少对甜瓜生产的投入，预期享受政策支持对甜瓜生产效率提高起到促进作用。

（5）农业品牌。农业品牌由农产品在市场上的知名度和美誉度表示，其表现形式有多种，本研究用甜瓜区域公用品牌表示。由于区域品牌的形成往往伴随着产业聚集，地区具有专业化分工和地域根植性较强、产业集聚程度高且拥有一定的创新能力等典型特征，对当地该农产品的生产销售有很强的促进作用，因此预期形成区域品牌的地区对农户甜瓜生产效率提高起到促进作用。

6.3 瓜农生产技术效率及影响因素分析

6.3.1 异质性随机生产模型结果分析

考虑到模型估计的稳定性，在研究甜瓜种植户影响因素设定估计了5种模型（Greene，2008；周晓时，2017；梁文群，2016；于明超，2010）：模型1，未对参数设定任何约束；模型2，假设 $\gamma = 0$；模型3，假设 $\delta = 0$；模型4，假设 $\omega_i = 0$；模型5，假设 $u_i = 0$，并用似然比检验方法对5种模型进行检验。如表6-4所示，LR_1 的原假设为"不存在效率损失"，LR_2 的原假设为"存在显著的效率损失"。从 LR_1 和 LR_2 估计结果可见，模型1明显优于其他模型，说明栽培模式、组织化程度、培训情况、政策环境、农业品牌对甜瓜生产效率及稳定性具有一定的影响。基于此，主要对模型1进行分析。

表6-4 瓜农生产技术效率影响因素回归结果

解释变量	模型1 （无约束）	模型2 （$\gamma=0$）	模型3 （$\delta=0$）	模型4 （$\omega_i=0$）	模型5 （$u_i=0$）
生产前沿函数					
化肥 x_1（对数）	-0.005 (0.020)	0.016 (0.021)	0.014 (0.021)	-0.011 (0.021)	0.032 (0.023)
有机肥 x_2（对数）	0.046*** (0.013)	0.052*** (0.014)	0.050*** (0.014)	0.043*** (0.013)	0.063*** (0.014)
农药 x_3（对数）	-0.017* (0.010)	-0.024** (0.011)	-0.024** (0.011)	-0.017* (0.010)	-0.039*** (0.012)
种苗 x_4（对数）	0.041* (0.024)	0.113*** (0.031)	0.105*** (0.031)	0.047 (0.030)	0.150*** (0.033)
农膜 x_5（对数）	0.036 (0.048)	0.053 (0.050)	0.042 (0.050)	0.089* (0.047)	0.121 (0.050)
机械 x_6（对数）	-0.054 (0.059)	-0.099 (0.061)	-0.104* (0.061)	-0.046 (0.060)	-0.144** (0.064)
水电 x_7（对数）	0.008 (0.034)	-0.029 (0.037)	-0.017 (0.037)	0.014 (0.035)	-0.044** (0.042)
设施 x_8（对数）	0.050** (0.022)	0.003 (0.020)	0.005 (0.020)	0.044** (0.019)	0.036 (0.018)
家庭劳动 x_9（对数）	0.243*** (0.032)	0.287*** (0.033)	0.281*** (0.033)	0.255*** (0.031)	0.317*** (0.035)
雇用劳动 x_{10}（对数）	0.018** (0.008)	0.020** (0.009)	0.021** (0.009)	0.021** (0.009)	0.001 (0.010)
cons	6.773*** (0.444)	6.274*** (0.458)	6.378*** (0.455)	6.441*** (0.499)	5.586*** (0.451)
无效率均值					
栽培模式 Cultivation	-1.885** (0.776)	-1.920 (1.595)			
组织化 Cooperation	-0.127* (0.072)	-3.989** (1.921)			
技术培训 Training	-0.090 (0.062)	-1.551 (1.046)			

(续表)

解释变量	模型1 (无约束)	模型2 ($\gamma = 0$)	模型3 ($\delta = 0$)	模型4 ($\omega_i = 0$)	模型5 ($u_i = 0$)
政策环境 Policy	-0.203*** (0.068)	-0.750** (0.423)			
农业品牌 Brand	-0.157*** (0.060)	-0.147 (0.083)			
d1 新疆	0.204 (0.357)	3.356 (2.107)			
d2 山东	-0.627*** (0.064)	-4.193* (2.141)			
cons	-14.003* (8.080)	-5.366*** (3.038)	-3.371** (1.545)		
无效率方差					
栽培模式 Cultivation	-2.954*** (0.765)		-0.178 (0.301)	0.039 (0.283)	
组织化 Cooperation	-0.952*** (0.322)		-0.709*** (0.236)	-0.711*** (0.212)	
技术培训 Training	0.509** (0.282)		0.156 (0.192)	0.029 (0.164)	
政策环境 policy	-1.742*** (0.633)		-1.285*** (0.318)	-1.402*** (0.364)	
农业品牌 Brand	-0.139 (0.238)		0.066 (0.198)	-0.144 (0.160)	
d1 新疆	4.809 (3.098)		0.726** (0.323)	1.519*** (0.348)	
d2 山东	-2.539 (5.329)		-3.697*** (1.109)	-0.178 (0.319)	
cons	1.976*** (3.153)	1.469*** (0.352)	1.048** (0.446)	2.496* (1.411)	
LOG	-386.676	-424.345	-420.694	-451.983	-491.039
LR_1	803.81	457.09	568.25	367.00	—
P值	0.000	0.000	0.000	0.000	—
LR_2	—	346.75	235.59	436.81	803.81

(续表)

解释变量	模型 1 (无约束)	模型 2 ($\gamma = 0$)	模型 3 ($\delta = 0$)	模型 4 ($\omega_i = 0$)	模型 5 ($u_i = 0$)
P 值	—	0.000	0.000	0.000	0.000

注：* 表示在 10% 水平上显著，** 表示在 5% 水平上显著，*** 表示在 1% 水平上显著。

6.3.1.1 瓜农生产技术效率分析

由模型 1 回归结果可知，有机肥、种苗、农膜、水电、设施、家庭劳动、雇用劳动要素投入符号为正。其中，有机肥、种苗、设施、家庭劳动、雇用劳动通过显著性检验，有机肥、种苗、农膜、水电、设施、家庭劳动、雇用劳动产出弹性依次为 0.046、0.041、0.036、0.008、0.050、0.243、0.018，表示在其他条件保持不变的情况下，如果有机肥投入增加 1%，则甜瓜产出就会增加 0.046%，其他变量解释类推。从产出弹性的角度分析，家庭劳动、设施与有机肥投入增加，对提高甜瓜产出效益较大。化肥、农药、机械要素投入符号为负，其中农药投入要素通过显著性检验，说明化肥、农药、机械存在过量投入的可能。追加 1 单位的化肥投入，会使产出减少 0.005，对于不同规模农户可能有不同影响，在后文进行分析。农药的投入行为有 2 种可能性：一是控制病虫害，这会对产量产生影响，从而影响甜瓜产出；二是预防病虫害，可能导致不必要投入的增加。

6.3.1.2 瓜农生产技术效率影响因素分析

栽培模式、组织化程度、培训情况、政策环境、农业品牌对瓜农生产效率与生产稳定性的影响分析如下。

（1）栽培模式变量对甜瓜生产效率起到正向影响，并且在 5% 水平上显著；对甜瓜生产稳定性起到正向影响，并且在 1% 水平上显著。说明设施生产模式的使用，显著提高了甜瓜生产效率，并且对于甜瓜生产的稳定性有促进作用。设施栽培模式相较于传统的陆地生产模式属于高投入高产出，投入多的要素主要体现在资金、技术、劳动力等方面。农产品打破传统农业的季节性，实现农产品的反季节上市，进一步满足多元化、多层次消费需求的有效方法。

（2）组织化程度变量对甜瓜生产效率起到正向影响，并且在 10% 水平上显著；对甜瓜生产稳定性起到正向影响，并且在 1% 水平上显著。说明农户参与专业化合作组织，提高甜瓜产业的组织化程度，会显著提高甜瓜生产效率，并且对于甜瓜生产的稳定性有促进作用。规范的专业合作组织在生产、销售等方面对瓜农有很强的促进作用，对瓜农生产资料的获取、生产技术信息的接收、销售渠道与产品议价都有积极的影响，不仅可以节省投入成本，还可以提升了农户市场议价能力。

（3）培训情况变量对甜瓜生产效率起到正向影响，但是不显著；对甜瓜生产稳定性起到正向影响，并且在5%水平上显著。有效的农业技术培训可以提高农户的生产技术，从而提高甜瓜农户生产效率、提高农户参与培训的频率，对提高甜瓜生产效率有一定的作用，并且对于甜瓜生产的稳定性有促进作用。但是培训的内容是否能指导农户生产，是否有效，也十分重要。

（4）政策环境变量对甜瓜生产效率起到正向影响，并且在1%水平上显著；对甜瓜生产稳定性起到正向影响，也在1%水平上显著。无论从物质投入的支持和资金补贴支持角度，政府对产业的扶持都能起到节约成本的作用，提升政府支持水平，会显著提高甜瓜生产效率，并且对于甜瓜生产的稳定性有促进作用。

（5）农业品牌变量对甜瓜生产效率起到正向影响，并且在1%水平上显著；对甜瓜生产稳定性起到正向影响，但不显著。在区域品牌覆盖的地区，农户甜瓜生产积极性更高，产业化水平更高、专业化分工程度更高，产品市场与要素市场更加发达，配套的基础性设施更完善。这些都是提高生产效率的关键，所以加快地区甜瓜品牌建设，会显著提高甜瓜生产效率，并且对于甜瓜生产的稳定性有促进作用。

6.3.2 不同规模瓜农生产技术效率与影响因素分析

基于模型1，对不同规模农户甜瓜生产效率及影响因素分析，结果如表6-5所示。

表6-5 不同规模瓜农生产技术效率影响因素回归结果

解释变量	4亩以下	4~8亩	8~20亩	20亩以上
生产前沿函数				

(续表)

解释变量	4 亩以下	4~8 亩	8~20 亩	20 亩以上
化肥 x_1（对数）	0.056 (0.038)	0.079** (0.032)	-0.013 (0.042)	-0.017 (0.056)
有机肥 x_2（对数）	0.093*** (0.024)	0.015 (0.022)	0.056** (0.023)	0.025 (0.035)
农药 x_3（对数）	-0.032** (0.016)	-0.010 (0.017)	-0.013 (0.022)	-0.042* (0.024)
种苗 x_4（对数）	0.115** (0.055)	0.104** (0.051)	0.108** (0.053)	0.064 (0.057)
农膜 x_5（对数）	-0.146 (0.109)	0.025 (0.102)	0.039 (0.069)	0.311*** (0.087)
机械 x_6（对数）	-0.176* (0.096)	-0.218* (0.133)	-0.087 (0.124)	0.051 (0.131)
水电 x_7（对数）	-0.047 (0.057)	-0.070 (0.050)	-0.152* (0.087)	-0.051 (0.134)
设施 x_8（对数）	0.120** (0.049)	0.075* (0.045)	0.016 (0.028)	0.098*** (0.028)
家庭劳动 x_9（对数）	0.290*** (0.070)	-0.120 (0.110)	-0.041 (0.105)	0.173*** (0.056)
雇用劳动 x_{10}（对数）	0.021* (0.012)	-0.012 (0.015)	-0.027* (0.015)	0.021 (0.030)
cons	7.272*** (0.986)	10.091*** (1.290)	9.252*** (1.032)	5.881*** (0.698)
无效率均值				
栽培模式 Cultivation	0.766 (2.275)	1.870 (5.878)	1.298 (3.922)	-5.650 (14.094)
组织化 Cooperation	-0.135 (0.220)	-0.342* (0.185)	7.276 (8.400)	5.229 (13.777)
技术培训 Training	-0.203 (0.194)	-0.087 (0.118)	28.010 (26.729)	0.641 (2.248)
政策环境 Policy	-1.694* (1.066)	-0.339 (0.268)	-13.047 (35.659)	3.789 (12.814)
农业品牌 Brand	-1.275* (0.794)	-0.579* (0.349)	-29.779* (17.125)	-50.275 (97.145)
cons	0.327 (2.261)	-0.907 (5.899)	-66.049 (40.217)	-8.588 (26.752)
无效率方差				
栽培模式 Cultivation	-1.525 (1.449)	-4.332** (1.814)	-1.693*** (0.495)	-0.243* (0.130)
组织化 Cooperation	-0.240 (0.422)	-0.178 (0.767)	-1.684** (0.708)	-1.256** (0.551)
技术培训 Training	-0.203 (0.352)	0.373 (0.731)	-0.179 (0.696)	0.735* (0.446)
政策环境 Policy	0.967* (0.590)	0.940 (0.901)	-0.407 (1.030)	-2.815*** (0.974)
农业品牌 Brand	-1.081* (0.629)	1.528* (0.953)	-1.627* (0.872)	2.089 (2.722)

(续表)

解释变量	4 亩以下	4~8 亩	8~20 亩	20 亩以上
cons	0.323 (1.425)	-0.989 (1.627)	-4.398*** (0.767)	2.297 (2.476)
LOG	-103.632	-112.692	-92.099	-93.430
N	110	160	125	101

注：*表示在10%水平上显著；**表示在5%水平上显著；***表示在1%水平上显著。

6.3.2.1 不同规模瓜农生产技术效率差异化分析

本研究由异质性随机前沿生产函数估计农户技术效率，对于8亩以上中大规模农户，追加化肥投入，会对农户甜瓜生产效率产生负面影响；对于4亩以下小规模农户，追加农膜投入，会对农户甜瓜生产效率产生负面影响；机械投入的追加，对于20亩以上大规模农户有正向影响；劳动力投入，对于4~20亩中规模农户甜瓜生产效率产生负面影响。

基于不同规模组、不同地区、不同种植模式统计描述农户甜瓜生产的技术效率值（表6-6），具体如下。

（1）全部样本的技术效率值平均技术效率值为0.934，这表明产出导向的3个规模组瓜农平均生产效率为93.4%，说明平均93.4%的潜在产出可通过现有的生产要素组合来获得，意味着在现有价格水平、生产要素投入和技术水平不变情况下，如果消除制约效率损失因素，有可能将产出提高7.6%，甜瓜产业属于高效农产品产业，从实证角度证明了甜瓜的高效性。

（2）农户经营规模与生产技术效率的关系不是简单的递增或递减关系，而是呈现"倒U形"效应关系，即小规模农户和大规模农户的技术效率低于中等经营规模农户的技术效率。其产出效率由大到小依次为4~8亩规模农户、8~20亩规模农户、4亩以下规模农户、20亩以上规模农户。如表6-6所示，4~8亩规模样本户的技术效率平均值为94.3%，高于其他规模农户，这与屈小博（2008）、文长存（2017）对于高价值农产品规模效率的研究观点一致，同时这也符合规模经济效应是"倒U形"理论，基于此提倡甜瓜种植户适度规模经营。农户甜瓜生产经营需要劳动密集投入和精细化管理，超过一定经营规模后，会影响单位劳动力对瓜园的精细化管理的程度，降低生产效率。

(3) 农户生产的技术效率存在显著的地区差异。山东调查样本农户的甜瓜种植技术效率显著高于其他区域农户的技术效率（表6-6）。山东调查样本地区农户的技术效率均值最高，为96.5%，陕西地区其次，新疆地区最低。可能是因为新疆地区在调研时间内连续发生病虫害，影响甜瓜产量，而发生病虫害的主要原因是连续种植导致的重茬；山东调查样本农户几乎全为设施种植，遭遇病虫害导致产量减产的农户很少。另外，山东地区甜瓜产业聚集程度较高，销售市场相对发达，对甜瓜价格有一定的谈判能力，产量与价格两方面对产出影响，使得甜瓜产业在山东生产效率最高。

(4) 不同种植模式的农户技术效率存在显著差异。设施种植农户的技术效率显著高于露地种植农户的技术效率。设施种植相对于露地种植能较好规避气候等自然灾害风险，产出更有保障，并且设施农户甜瓜上市时间更早，在产品售价与议价能力方面均比露地生产有优势。

表6-6 不同规模组、不同地区、不同种植模式甜瓜农户生产技术效率比较

变量	频数	最小值	最大值	均值	标准差
全体样本	496	0.367	1.000	0.934	0.082
4亩以下	110	0.638	1.000	0.917	0.045
4~8亩	160	0.675	1.000	0.943	0.052
8~20亩	125	0.592	1.000	0.935	0.066
20亩以上	101	0.367	1.000	0.887	0.134
新疆	145	0.367	1.000	0.902	0.128
山东	171	0.834	1.000	0.965	0.040
陕西	180	0.638	1.000	0.931	0.045
露地	108	0.367	1.000	0.906	0.138
设施	388	0.662	1.000	0.942	0.055

数据来源：基于模型结果整理。

6.3.2.2 不同规模农户生产技术效率影响因素分析

①栽培模式变量对大规模甜瓜生产效率起到正向影响，而对于小规模、

中小规模、大中规模影响与预期不符，可能的原因数在20亩以下规模样本中，大部分生产方式为设施栽培，受调研样本变量影响，栽培模式影响方向相反。对不同规模甜瓜生产稳定性均起到正向影响，对中小规模、大中规模、大规模影响显著。对于大规模甜瓜生产者，设施栽培方式投入可以促进甜瓜产业效率提高。②组织化程度变量对小规模、中小规模甜瓜农户生产效率起到正向影响，对所有规模甜瓜生产稳定性起到正向影响。说明小规模农户参与专业化合作组织，会显著提高甜瓜生产效率，并且对于甜瓜生产的稳定性有促进作用。③培训情况变量对小规模、中小规模甜瓜农户的生产效率起到正向影响，政策环境变量对小规模、中小规模、大中规模甜瓜生产效率起到正向影响。④农业品牌变量对所有规模农户甜瓜生产效率起到正向影响，所以加快地区甜瓜品牌建设，会显著提高甜瓜生产效率，并且对于甜瓜生产的稳定性有促进作用。

综上所述，提高小规模、中小规模甜瓜农户生产效率需要通过提高农户组织化程度、引导农户参与相关技术培训、给予产业政策支持、提升甜瓜农业品牌建设几个层面考虑；提高大中规模甜瓜农户生产效率需要从给予产业政策支持、提升甜瓜农业品牌建设2个层面考虑；提高大规模农户生产，主要从转变农业栽培模式、提升甜瓜农业品牌建设2个层面考虑。

6.4 本章小结

本章基于新疆、山东、陕西3个地区甜瓜主产区农户调查数据，通过建立道格拉斯生产函数形式的异质性随机前沿生产函数模型，估计了不同经营规模、不同地区、不同种植模式农户生产技术效率及分布，对影响农户生产技术效率的外生变量进行深入分析，从投入产出技术关系角度实证分析了农户甜瓜生产行为，研究结果如下。

（1）从全样本角度分析，甜瓜产业存在化肥、农药、机械投入过量的可能。从不同规模角度分析对于8亩以上中大规模农户，追加化肥投入，会对农户甜瓜生产效率产生负面影响；对于4亩以下小规模农户，追加农膜投入，会对农户甜瓜生产效率产生负面影响；机械投入的追加，对于20亩以上大规模农户有正向影响；劳动力投入，对于4~20亩中规模农户甜瓜生产效率产生负面影响。

（2）不同经营规模与农户生产技术效率呈现"倒U形"效应，4~8亩中小规模农户技术效率最高，产出效率由大到小依次为4~8亩规模农户、8~20亩规模农户、4亩以下规模农户、20亩以上规模农户。基于全样本角度分析，栽培模式、组织化程度、培训情况、政策环境、农业品牌对瓜农生产效率与生产稳定性均产生正向影响。

（3）农户生产的技术效率存在显著的地区差异。山东样本农户的甜瓜种植技术效率高于其他区域农户的技术效率，陕西地区的其次，新疆地区的最低；不同种植模式的农户技术效率存在显著差异，设施种植农户的技术效率明显高于露地种植农户的技术效率。

（4）不同规模农户技术效率的影响因素存在一定的差异。提高小规模、中小规模甜瓜农户生产效率需要通过提高农户组织化程度、引导农户参与相关技术培训、给予产业政策支持、提升甜瓜农业品牌建设几个层面考虑；提高大中规模甜瓜农户生产效率需要从给予产业政策支持、提升甜瓜农业品牌建设2个层面考虑；提高大规模农户生产，主要从转变农业栽培模式、提升甜瓜农业品牌建设2个层面考虑。

由于本研究仅限于调研生产期截面数据的研究的静态研究，缺乏动态分析的实证数据，对于研究结论的一般性还有待进一步深化。

7 瓜农风险认知、态度与规避行为分析

作为独立的生产单元，农户是农业生产风险承担和应对的主体，农业弱质性与分散的经营方式导致农户被动承受农业风险与不确定性带来的负效应，在农业风险背景下，研究微观农户的生产决策，是研究农户行为的重要部分。农户对风险来源认知行为，不仅在很大程度上影响农户是否选择农产品生产，而且还会影响其农业生产经营风险防范规避措施的选择，所以研究农业风险决策，需要从风险来源角度入手。本章主要分为2部分讨论甜瓜农户风险，第一部分是研究甜瓜农户风险来源认知与风险态度，通过风险来源认知，可以了解农户的风险来源认知及其偏好，有助于了解农户在生产过程中的风险决策行为。第二部分是瓜农风险规避行为分析，对微观农户选择的规避风险方式的研究，有利于为政府制定相关的风险管理政策提供依据。

7.1 理论基础与分析框架

农业生产者面对风险的反应是非常值得探讨的经济现象。基于新古典经济理论的决策模型，是以信息完全为假设条件，追求生产者的利润最大化，没有考虑风险或不确定因素及决策者的风险态度，预期效用理论（VNM效用理论）解决了这一难题，将风险纳入农户经济学分析，对于不同风险决策农户行为给予了经济学解释。农业生产经营是一个风险过程，大量事实证明农户的行为是风险厌恶（规避）的。在农业模型中忽视风险厌恶行为将导致过高估计风险型产业的产出水平，以及对单种产品供给弹性产生有偏估计，同时还会导致对技术选择的不正

确预期。因此农业经济学研究中，尤其是对农户的生产行为进行研究时，必须要考虑风险因素，预期效用理论和模型是农业经济领域研究风险和不确定性条件下农户生产决策行为的主要理论。本研究基于此理论，认为农业生产者生产风险决策行为的基础是风险规避措施采用的预期效用，即采取某种措施后预期会获得最大的生产收益。

农民对于风险来源的认知，对于了解其行为非常重要。从已有的研究文献来看，我国农业生产者风险主要来源于自然、市场、政策、技术等多方面，农民种植风险，受到多重因素影响。对于农户生产面临的不确定性，理性农户在生产决策中往往会采取措施规避，以此到达预期效用最大化，即选择边际产品价值高于边际成本的生产决策。农户选择次优的生产决策组织生产，虽然实现了效用最大化，但没有充分地利用资源，利润也没有实现最大化，造成了农产品产量波动、效率损失以及收入差距拉大等负面影响。而在这种情况下，从整体社会角度，为了避免生产损失，政府需要引导正规农户风险应对机制的设立，这也是本章研究的主要目的。面对风险，为了不影响后续的生产生活，农户可选择的风险规避措施可分为非正规风险应对机制和正规风险应对机制来规避农业风险。基于以往研究的，总结出农户应对风险的措施主要如下：①事前行为，是指农户考虑到生产风险，为了预期获取最大效益采取的措施，例如多元化种植、合约生产、采用保守技术保守品种、兼业行为等。②事后行为，是指农户在风险发生后采取的规避、转移风险的措施，例如社会网络统筹、跨时期消费平滑等方式。③正规风险规避措施，是指正规渠道下，农户规避风险的方式，例如，社会保障、商业保险、政府风险保障政策等。总体而言，在农业领域，尤其是高效园艺作物产业领域，正规风险规避发展比较缓慢，瓜农通过正规渠道应对风险的水平还比较低。本研究是微观视角的农户风险认知与规避研究，对于农户可以主观决策的风险方式，主要为事前行为，因此多元化种植、合约生产、采用保守技术保守品种、兼业行为等风险规避方式是本研究探讨的主要内容。本研究结合行为经济学理论，分别从风险认知、风险态度、风险规避行为分析瓜农生产风险。

甜瓜农户风险行为研究框架见图7-1。

7 瓜农风险认知、态度与规避行为分析

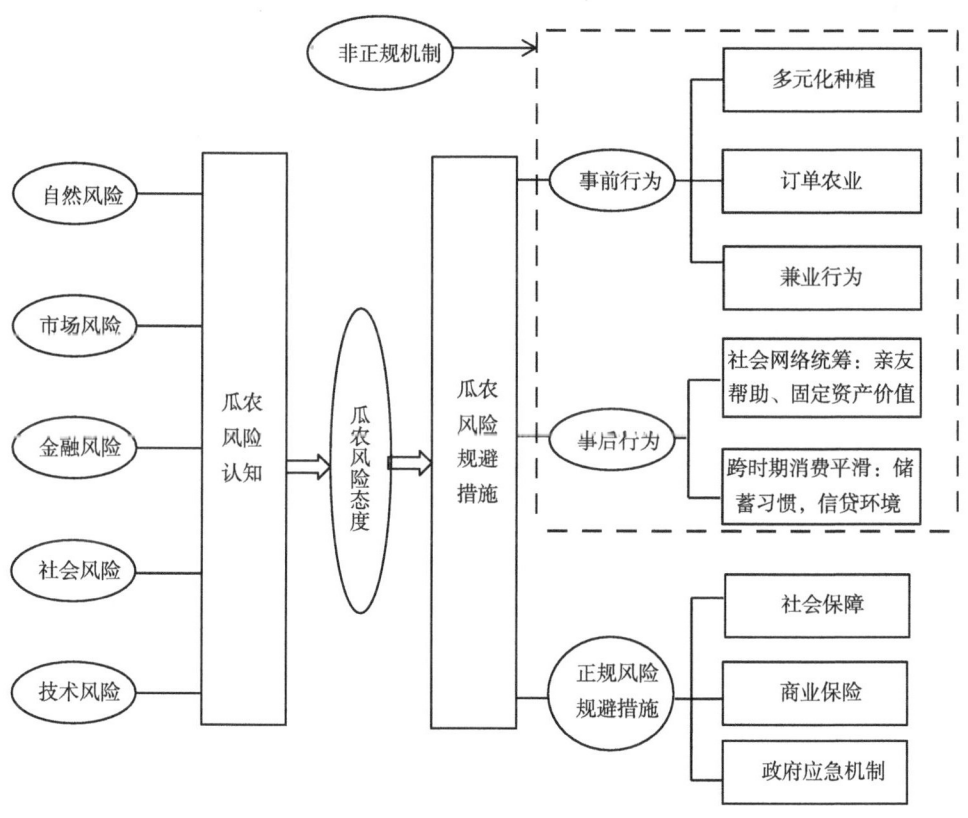

图 7-1 甜瓜农户风险行为研究框架

7.2 瓜农风险认知与态度分析

7.2.1 数据来源与风险认知情况分析

对新疆、山东、陕西地区的瓜农进行风险认知情况调查，表 7-1 为种植甜瓜过程中面临的风险类型。农户对该项风险类型进行主观评价，认为在甜瓜生产中某项风险来源的大小，风险程度有 5 级，分别为风险很小、风险比较小、风险一般、风险比较大、风险很大，并为其赋值为 1~5，即如果农户认为某项风险对甜

瓜种植影响很小，则选择 1。

表 7-1　甜瓜农户风险来源认知量表

风险类型	项目指标	均值
自然风险	天气灾害风险（大风、暴雨、洪涝、干旱、冷害等）	4.21
	病虫害风险（各种病虫害等）	2.84
	地质灾害风险（土壤盐碱化、塌方、泥石流等）	1.79
市场风险	甜瓜市场风险（销售价格不确定性等）	4.02
	生产资料市场风险（种子、农药、肥料等价格上涨与质量风险）	2.90
	土地市场风险（地租价格上涨、租赁违约等）	2.47
	劳动力市场风险（工人雇用困难、价格上涨等）	3.10
金融风险	资金投入风险（资金不稳定、不连续等）	2.69
	贷款风险（无贷款渠道、贷款困难等）	2.38
	农业保险风险（没有相关保险、保额不足）	2.12
社会风险	道德风险（收购商恶意压价隐瞒信息、农资销售商不良行为等）	2.96
	政策风险（农业结构调整、政府政策变化等）	2.34
	食品安全风险（环境污染、食品安全事件导致生产经营风险）	1.90
	土地流转环境风险（想租地租不到，或者不能长期稳定地租到）	2.08
技术风险	技术应用风险（技术不适用种的甜瓜，导致产量降低等）	2.27
	栽培管理技术风险（栽培管理技术不到位，导致产量降低）	2.26

由表 7-1 为全样本数据结果情况，可知对天气灾害风险（大风、暴雨、洪涝、干旱、冷害等）影响最大，均值达到 4.21，说明大部分农户认为自然天气是影响甜瓜种植的主要因素。其次影响销售价格的不确定性，对于农户调查分析，这种不确定性一般来源于集中上市时期，而并非不同年份的比较。农户普遍认为甜瓜不同年份之间销售价格相对稳定，但是季节性价格波动明显，尤其是在集中上市的一段时间，价格波动以天为单位计算。

劳动力市场的不确定性，也是农户种植甜瓜风险的影响因素。随着人力资本价值的不断攀升，劳动密集型园艺作物受其影响较大，特别是在调蔓、授粉、摘瓜等劳动密集型生产环节，对于劳动力集中需求较大。而这段时期如果劳动力配置不足，会直接影响后续整个生产流程，但是在这段时期瓜农需要面临劳动力价格上涨，成本投入增高的情况，并且还有可能面临无法雇用到劳动力的风险。调研地区山东，是面临劳动力市场不确定性较大的区域，其劳动力价格波动较大，农闲时期可能为 160~180 元 1 单位，但是农忙时期，可能上涨到 230~380 元一单位，劳动力市场价格波动较大。对于劳动密集型园艺作物，其产业很容易形成专业化分工，甜瓜产业专业化分工的形成也一定程度上帮助瓜农抵御生产风险，利润在生产成果后的采摘环节。山东地区甜瓜主产区形成了专业采摘队，专业化采摘运输，瓜农不用再去劳动力市场寻求，减少了交易成本，提高了生产效率。而专业摘瓜队按斤收取费用，一定程度上节约了投入，减少了农户劳动力风险，这也是山东地区甜瓜产业化的发展的必然趋势。

生产资料市场风险（种子、农药、化肥等价格上涨与质量风险）也是影响瓜农风险的主要方面，价格上涨是一方面，另一方面是农资市场不规范导致的。农户需要承担种子、肥料投入后的质量风险，即使进行事后风险追溯，但是失去了支撑生活唯一的收入来源。长此以往，农户为了规避风险，只会采用保守的技术与品种，对于甜瓜新技术推广、调高产业生产能力，具有负面影响，政府应规范农资市场是帮助农户减弱种植风险。

道德风险（收购商恶意压价隐瞒信息、农资销售商不良行为等）对瓜农风险产生影响，信息不对称是市场的特征之一。基于此，农户在获取销售市场信息、农资市场信息、技术市场的信息中会产生信息不对称，农户是信息接收者，会面临信息提供者道德风险的影响。在调研区域新疆地区，由于甜瓜不易保存特性，在交易市场不发达的村镇，存在收购商恶意压价的情况，农户面对市场道德风险，大部分情况下只能被动接受。

自然风险中的病虫害风险（各种病虫害等）也是主要影响甜瓜生产的风险，这部分风险在不同区域表现程度不一致，存在区域异质性。从整体看此项均值为 2.84，接近风险一般的程度，是产业发展中需要通过技术进步规避的项目之一。

资金投入风险（资金不稳定、不连续等）、土地市场风险（地租价格上涨、租赁违约等）对于设施生产区域影响程度较高，设施生产区域对资金投入要求较高，尤其是设施不断更新换代。农户为了抢占甜瓜上市时间，需要不断投入新设施，以提高产出时间，表现最为明显的是山东、陕西地区。除了大棚生产以外，温室生产是调研年份农户开始逐渐投入的栽培方式。但是此种栽培农户需要大量资金的投入，面临资金投入风险。高效园艺地区生产高价值农产品，往往伴随较高的地租，是甜瓜农户需要面临的风险。

由于调研区域为甜瓜主产区，种植经验比较丰富，对于技术风险农户普遍认为较低；调研区域由于自然资源禀赋不存在土壤盐碱化、塌方、泥石流等情况，地质灾害风险较低；食品安全风险（环境污染、食品安全事件导致生产经营风险）较低是与笔者预期相反的一项指标，面对消费者日益关注的食品安全质量问题，加之"毒瓜""毒大葱"等社会现象，笔者在调研预期认为甜瓜农户对于食品质量安全风险的担心较大，但是结果正好相反，大部分农户认为种植甜瓜食品安全风险比较小，均值仅为 1.90，标准差也较小为 0.97，这说明农户对这个项目的风险认知基本一致，个体差异性较小。可能的原因：在调查区域并没有发生过大范围、严重的甜瓜食品安全质量问题，农户生产操作相对规范，对于绿色生产相对重视，所以农户信心较强。从市场反应的角度分析，其他园艺作物的食品质量安全风险并不会影响甜瓜，并且其他瓜果替代品的食品质量安全问题产生，有可能促进甜瓜生产与销售。

综上所述，从调研区域整体角度分析，自然风险与市场风险是甜瓜农户主要风险来源，自然风险中的天气灾害对农户影响较大；市场风险中销售价格的不确定性对甜瓜农户影响比较大，而生产资料市场风险、土地市场风险、劳动力市场风险也均有较大影响。金融风险中资金投入风险与市场道德风险同样是甜瓜农户风险的主要来源之一。

7.2.2 不同区域、不同规模农户风险认知情况分析

从不同区域角度分析瓜农生产风险认知，发现不同地区农户对甜瓜生产风险认知存在一定的差异性（表 7-2）。专业化程度越高，集聚度越高，栽培方式科技水平越高的地区农户面临市场价格波动风险越小；交易市场越发达、信息获取

渠道越多的地区面临的市场道德风险越小；领导团队稳定的地区，政策风险较小。

表 7-2 不同区域甜瓜农户风险来源认知量表

风险类型		新疆（145）		山东（171）		陕西（180）	
		均值	标准差	均值	标准差	均值	标准差
自然风险	天气灾害风险	4.00	1.08	4.18	1.19	4.38	0.80
	病虫害风险	3.25	1.30	2.62	1.32	2.51	1.29
	地质灾害风险	1.82	0.99	1.77	1.30	1.77	1.12
市场风险	甜瓜市场风险	4.40	0.95	3.25	1.28	3.78	1.24
	生产资料市场风险	2.83	1.22	2.81	1.30	2.96	1.17
	土地市场风险	2.54	1.19	2.48	1.29	2.41	1.17
	劳动力市场风险	3.28	1.34	3.01	1.06	2.97	1.30
金融风险	资金投入风险	2.76	1.25	2.64	1.03	2.63	1.30
	贷款风险	2.52	1.26	2.30	1.05	2.27	1.23
	农业保险风险	2.12	1.23	2.12	1.25	2.12	1.28
社会风险	道德风险	3.12	1.24	2.70	1.06	2.82	1.31
	政策风险	3.13	0.99	1.54	1.05	2.14	1.00
	食品安全风险	1.95	0.98	1.86	1.04	1.85	0.97
	土地流转环境风险	2.25	1.12	1.98	1.34	1.94	1.05
技术风险	技术应用风险	2.56	1.42	1.85	1.34	2.33	1.20
	栽培管理技术风险	2.73	1.45	1.74	1.35	2.26	1.20

数据来源：基于调研数据整理。

山东地区销售市场发达，种植经验丰富，农户普遍认为甜瓜市场价格风险一般，存在季节波动性，但并不存在滞销现象，认知均值为 3.25；陕西地区是新兴的甜瓜产业，具备西北地区自然资源优势，又采用设施生产，生产方式比较先进，瓜农普遍认为种植风险一般或者稍微有一些风险；新疆地区是调研样本中市场风险最高的地区，均值为 4.40，虽然新疆地区有独特的农业生长条件，但同时又存在运输困难、土地重茬、病虫害严重的负效应,近些年调研农户普遍认为新疆地区甜瓜产业发展开始滑落,对农业转型与现代化的生产方式需求程度较高。

新疆地区市场价格风险、天气灾害风险、病虫害风险、劳动力风险、市场道德风险较高。值得说明的是,对于技术风险,新疆地区明显高于其他地区,可能的原因是在对新疆农户调研的过程中,有一部分调研对象是少数民族农户,少数民族地区技术水平相对落后,对技术风险认知较大。与新疆地区相反,山东地区市场风险、技术风险相对较小,其风险来源具有农业生产风险的共性,即天气灾害风险、病虫害风险、劳动力市场风险较高。需要特别说明的是,山东地区政策风险较低,说明山东地区甜瓜产业政策相对稳定,而新疆地区这一数值较高,在实地调研过程中发现在某些地区,甜瓜种植承诺补贴不能兑现,农业种植结构调整频率较快,个别村存在强制种植或者不能种植某种产品的情况。这些都影响着对地区政策稳定性的认知。陕西地区生产条件在山东、新疆之间,农户风险认知存在普遍性,特别要说明的是陕西地区甜瓜种植食品安全风险较低,产业发展处在生命周期的成长期。

对于不同规模农户对甜瓜生产风险的主要来源认同一致,为避免信息冗余,本部分不再区分不同规模农户风险认知。

7.2.3 不同区域、不同规模农户风险态度分析

本部分用农户新技术、新品种采用的时机分析农户风险类型,认为农户在技术推广初期引进新技术、新品种的属于风险偏好型农户;在技术推广中期引进新技术、新品种的属于风险中性农户;在技术推广晚期引进新技术、新品种的属于风险厌恶型农户,结果如图7-2所示,甜瓜农户普遍为风险中性与风险厌恶农户,风险偏好农户仅占全样本的15.32%。这一结论认为,农民尤其是发展中国家的农民,大多数都是风险规避的,在基本生活需求无保障的情况下更是如此。

不同规模农户角度分析,4~8亩农户风险偏好型占其样本比重最高,为20.63%,4亩以下农户,风险偏好型占其样本比重最低,为9.09%。关于不同规模农户风险态度,国内外学者的研究并不一致。本研究发现小规模农户风险规避意识较强。农业收入是影响农业风险的主要因素,从前文研究结论发现,中小规

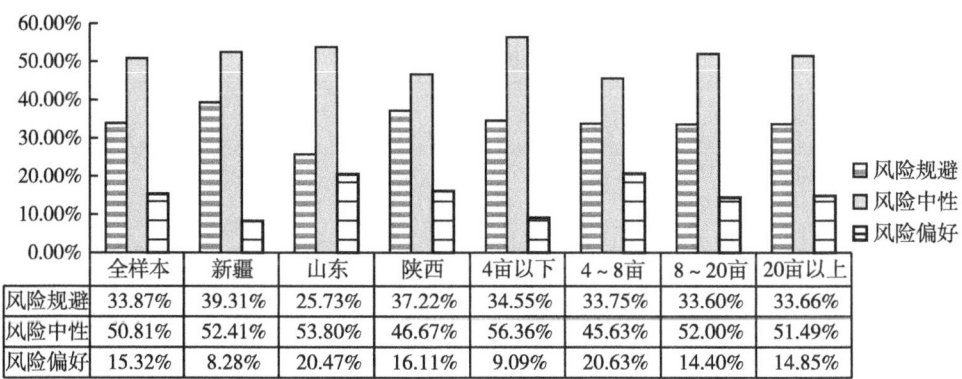

图 7-2 甜瓜农户风险态度

模（4~8亩）农户生产利润率较高，这可能是影响样本风险偏好农户较多的原因。

农户风险区域特征明显，风险偏好在不同地区存在差异性较大，不能得出一般性的结论。风险态度方面，山东地区农户风险偏好型与风险中性农户占比较高，分别为 20.47%、53.80%，对于新技术、新品种采用比较积极；而新疆地区风险厌恶型与风险中性农户占比较高，二者占总样本比重的 90% 以上。陕西地区农户风险偏好处于二者之间。

运用有序 Logit 回归方法（详见第 4 章），对甜瓜种植户风险态度影响因素进行分析，被解释变量用"农户新技术、新品种采用的时机"表示，农户在技术推广初期引进新技术、新品种的农户选择 1；在技术推广中期引进新技术、新品种的农户选择 2；在技术推广晚期引进新技术、新品种的农户选择 3，选取数值越大说明农户风险偏好程度越低，风险规避程度逐渐增加。选取家庭人口、家庭收入、户主年龄、文化程度、社会公职、种植经验、民族类型、种植规模、兼业行为、组织化程度、技术培训、与市场距离、科技示范户、栽培模式、政策环境、农业品牌、销售满意度为解释变量（变量描述具体见前章节），模型 1 为被解释变量的回归结果（见表 7-3），模型 2 为模型 1 剔除不显著变量后的回归结构，2 个模型影响方向与显著性水平比较稳定，回归结果以模型 2 解释为主。

表 7-3 甜瓜农户风险态度影响因素回归结果

项目	模型 1		模型 2	
	系数 (Coef.)	比值 (Odds Ratio)	系数 (Coef.)	比值 (Odds Ratio)
家庭人口 People	-0.178***	0.837	-0.188***	0.829
家庭收入 Income	-0.036**	0.964	-0.030*	0.971
农业品牌 Brand	-0.423**	0.655	-0.496***	0.609
种瓜经验 Experience	-0.030***	0.971	-0.024**	0.977
种植规模 Scale	0.005*	1.005	0.004*	1.004
兼业行为 Part-time	-0.633***	0.531	-0.594***	0.552
组织化程度 Cooperation	-0.581***	0.559	-0.547***	0.579
技术培训 Training	-0.328**	0.720	-0.326**	0.722
销售满意度 Satisfaction	-0.222*	0.801	-0.239**	0.788
文化程度 Edu	-0.045*	0.956	-0.045*	0.956
户主年龄 lnAge	0.006	1.006		
社会公职 Admin	0.186	1.205		
民族类型 Ethnic	-0.502	0.605		
与市场距离 Distance	0.011	1.011		
科技示范户 Demonstration	0.267	1.306		
栽培模式 Cultivation	-0.189	0.828		
政策环境 Subsidy	-0.107	0.899		
d1 新疆	-0.291	0.748	-0.028	0.973
d2 山东	0.198	1.219	0.028	1.028

（1）家庭人口。依据模型结果家庭人口规模越大，瓜户面对甜瓜种植风险偏好程度越高。可能的原因是，由于家庭人口越多，大部分家庭劳动力越多，获取种植收益的能力越强，对家庭总收入的需求越高，这些促使规模较高的家庭对于新技术、新品种的投入更偏好，更希望获取高收益。

（2）家庭收入。财富对于农户风险态度影响的研究有许多，普遍认为贫穷的农户更加厌恶风险，富裕的农户更倾向于风险偏好。本研究发现，家庭收入更高的农户，面对甜瓜种植的风险偏好程度越高。高收入的甜瓜种植户更倾向于新技术、新品种推广初、中期的投入使用，更积极面对风险，而高收入就是其应对风险的底气。

（3）农业品牌。在甜瓜区域公用品牌覆盖范围的地区，瓜户面对甜瓜种植风险偏好程度越高。由于区域公用品牌的形成往往伴随着产业聚集，地区具有专业化分工、地域根植性较强、产业集聚程度高且拥有一定的创新能力等典型特征，对当地该农产品的生产销售有很强的促进作用，在甜瓜区域公用品牌覆盖范围的地区，瓜户由于对于甜瓜种植前景看好，种植技术相对成熟，对于可以提高利润的新技术、新品种的采用时机更靠前，对于风险偏好程度更高。

（4）种瓜经验。甜瓜种植经验用甜瓜种植年限表示，瓜农种植年限越高，面对甜瓜种植风险偏好程度越高。可能的原因是因为种植年限越长，农户种植管理经验越丰富，对甜瓜种植会更有信心，对新技术、新品种掌握程度越快，对技术效果的判断越准确，所以越不属于风险规避型。

（5）种植规模。种植规模越大，瓜户面对甜瓜种植风险偏好程度越低，越属于风险规避型农户。这个结果与预期不一致，相关文献认为大规模农户面对市场风险的适应性更强，比小农户更能抵御风险。可能的原因是，受到样本影响，大规模农户多为新疆露地栽培农户，受地区和种植方式的限制，农户相对保守，面对新技术、新品种更加保守。

（6）兼业行为。农户兼业行为对甜瓜种植户风险呈负向显著影响，即有兼业行为的农户，面对甜瓜种植风险偏好程度越高。有稳定的兼业收入的农户，由于收入来源渠道相对较多，对于新技术、新品种的采用更加积极，采用后如果出现生产风险，对家庭整体收入影响相对较小，兼业农户愿意冒更大风险，去获取更大的收益。

（7）组织化程度。农户为专业合作组织成员，面对甜瓜种植风险偏好程度越高。专业合作组织在生产、销售等方面对瓜农有很强的促进作用，对瓜农生产资料的获取、生产技术信息的接收、销售渠道与产品议价都有积极的影响，参加合作社的成员对甜瓜种植新技术、新品种信息获取时期早于不参加的农户，对技术的理解程度和技术效果相对更好，更积极采用。

（8）技术培训。农户参加农业培训，面对甜瓜种植风险偏好程度越高。与合作社影响的原因相似，农业技术培训可以提高农户的生产技术，扩展甜瓜种植户的视野，增加瓜农获取信息的渠道和来源，参加技术培训的农户对甜瓜种植新技术、新品种信息获取时期早于不参加的农户，对技术的理解程度和技术效果相对更好，更积极采用。

（9）销售满意度。如果对甜瓜销售不满意、对市场行情不了解会直接影响瓜农的种植信心。调查指标表示，瓜农户上期的销售状况会在一定程度上影响甜瓜农户的种植信心，如果对上期种植满意，则面对甜瓜种植的新技术、新品种信心更强，更积极采用，风险态度的规避程度越低。

（10）文化程度。瓜农接受基础教育程度用"上过几年学表示（不包括后期参加的职业培训）"，教育水平更高的农户在生产决策方面具有更高的判断力，可以更好地应用先进技术管理农田，并且取得好的收益，研究结果发现，农户接受基础教育水平越高，对甜瓜种植风险偏好程度越高，与预期相符。

7.3 瓜农风险规避行为分析

农户风险规避行为会基于农户风险认知、风险态度，在面对农业风险时，农民会根据自己的风险偏好来选择适合的管理策略。本研究基于前文分析与实际调研情况，以不同区域为视角，对甜瓜农户风险规避行为进行分析，主要分为多元化经营、订单农业与组织化两方面。

7.3.1 多元化经营

多元化经营措施是农户应对风险常用的策略之一，属于"自保险"。这种风险规避方式使农户收入来源多渠道，一定程度上防止某种收入来源因为"不确定"而导致收入风险，对农户总收入影响最少，降低了农户收入的波动程度，维持总收入稳定，以保证农户日常生活消费以及生产支出的需求。从农户多元化经营方式层面分析，主要分为农业生产多元化与参加非农生产，具体到甜瓜产业可以分为3个方面：①由于甜瓜品种种类较多，不同品种外皮、颜色、口感、甜度甚至上市时间不同，所以部分甜瓜种植户采取多甜瓜品种种植，以此达到规避风险的目的。②用不同作物生产组合，调整不同农产品生产组合来提高收入稳定性，例如跟生产方式较为接近的蔬菜作物混合种植、或者与棉花等经济作物间作，当遇到某些年份甜瓜市场价格相对较低，而其他种植农产品相对价格提高时，农户总收入维持相对稳定的状态。③从事非农行业，对于国外大规模农业，比较多地将非农行业引入自家农业生产（如旅游等非农行业），我国近些年在城郊也兴起许多观光、采摘等休闲农业形式；除此之外，部分农户在农闲之余，从事其他非农行业，例如建筑行业、服务业、工业等。英国农民，至少有1/4的收入是来自多元化经营的方式（西爱琴，2006）。USDA曾经对不同农业产业多元化经营程度进行量化，发现棉农是多样化程度最高的群体，其多元化指数为0.5；园艺作物的生产者多元化指数为0.3~0.45，属于中等专业化程度。总体而言，从事养殖业的农场要比从事种植业的农场的多元化程度低。同时，多元化经营虽然有效地应对了农业生产风险，但是一般伴随以牺牲专业化、规模化生产所带来的潜在经济利益为代价。

对于山东地区，甜瓜农户采用多样化经营规避风险的方式主要有三大类。

第一，甜瓜品种多样化种植。基于调研情况，山东地区农户多种植2种以上不同品种的甜瓜，具体来说有西州蜜、绿宝、花梨、羊角脆。农户认为多样化甜瓜品种的种植，不仅是为了应对甜瓜销售市场，满足消费者多样化需求，而且品种内多样化种植可以保留积累的生产经验，还可以避开甜瓜生产劳动密集环节，既提高了生产效率，又节约了劳动力投入，还达到了风险规避的效果。

第二，不同园艺作物品种多样化种植。对于山东地区，其蔬菜园艺作物产业同样比较发达，山东寿光已经成为全国知名蔬菜产区，部分甜瓜种植户为了规避甜瓜生产风险，在生产年限第二季作物的种植中，选择某一种或者多种蔬菜品种进行种植。不过与甜瓜相比，蔬菜品种多样化、市场化程度更高，价格波动年际年变动较大，在种植品种市场售价高的年份，农户往往会获得超过种植甜瓜的收益，但是第二年种植同一品种，可能结果相反。这种多样化种植，对于风险规避,也存在不确定性。

第三,兼业行为。基于调研结果,甜瓜生产与第三产业融合程度相对较低,在主产区山东并未发现类似采摘园的甜瓜休闲旅游产业,仅举办过几次甜瓜展销节,主要起到区域宣传作用。农户多采用的兼业情况为外出打工,由于山东地区沿海,紧邻京津冀市场,劳动力流动速度较快,农户种一季甜瓜之后,外出打工以规避风险。部分农户种植经验丰富,还会作物技术指导,对河北、河南、安徽、甚至新疆、陕西地区农户甜瓜种植进行技术指导,以获取兼业收入。

新疆地区甜瓜农户采用多样化经营规避风险的方式主要如下。

第一,经济作物或者高价值农产品多样化种植。新疆地区多为露地种植模式,种植品种比较单一,一般果型与哈密瓜相似,多样化种植的方式是与棉花间作,或者在其他地块种植大枣、葡萄等高价值农产品,由于大枣、葡萄并非当年生作物,其成本回收速度低于甜瓜。新疆地区多样化种植规避风险的效果要明显大于山东地区,因为新疆大枣、葡萄属于高价值农产品,不仅可以鲜食,还可以加工干制,利润回收风险相对较小。

第二,兼业行为。除了多样化种植,新疆瓜农也从事兼业行为规避种瓜风险。由于新疆地区地广人稀,对劳动力需求较大,高价值农产品加工也相对发达,部分农户农闲时期从事其他行业以获取收入,规避甜瓜经营风险。由于陕西地区种植品种也比较单一,多样化经营方式与新疆地区相似,所以不再单独对陕西地区进行分析。

7.3.2 订单农业与专业化合作组织

订单农业,也称为合约生产,是国外农场主常用的风险规避手段之一,不论何种类型、何种规模的农场,都曾经或正在使用合约进行生产。在美国,1997年有9.5%的农业产值属于合约生产(David,1984),且这一数值不断增加,但是多集中在养殖部门,例如家禽和家禽产品占据合约生产总价值的50%以上。签订生产合约是一项有效的风险管理手段。我国农户多为小规模家庭生产,订单生产的获取方式多依赖合作组织。

加入专业化合作组织也是我国农户风险规避的方式之一。有的学者认为,农业专业化生产带来农业生产结构单一,这也有可能会加大农业生产自身的风险。但是从长远角度分析,专业化的经营组织却可以增强抵御风险的能力。对不同经营组织的考察表明,农户无论在产量还是在经营收入方面,都比龙头企业面临更大的风险,农业龙头企业作为更加专业化的经营组织,在抵御农业经营风险方面有相当大的比较优势。同样,对于专业化合作社,利益共享、风险共担是其核心,规范的专业化合作社对于内部社员抵御农业风险具有一定的促进作用。

基于调研情况分析:陕西地区合作社发展相对较完善,调研发现地区某合作社承担了为农户寻找销售渠道的功能,其内部社员在合作社牵头下,自愿与收购商签订下一年的生产订单,订单内容约定第二年生产品种、数量、成交日期,并制定了成交价格,收购商支付定金。部分收购商对甜瓜种植方式有要求,例如进行有机生产、不适用农药生产等方式。

新疆地区部分农户也进行订单生产的方式规避风险,但是新疆地区订单签订多为经纪人牵头,或者收购商自发寻找农户,合作社在新疆地区并没有进行规范化运行。与陕西地区一致,订单合同也围绕品种、数量、品质、价格等签订。特别需要说明的是,在调研区域哈密某县出现了一定规模的互联网追溯订单模式,这种模式通过网络平台甜瓜消费者直接面对生产者预订下一期甜瓜,种植过程全天24小时摄像监控,满足对农产品高质量要求的消费者。这种模式是在政府的支持下进行的试点,但是受销售平台、市场认可度、销售价格等因素的制约,这种模式并没有得到大面积推广。

调研期间并没有在山东地区发现订单农业的生产方式,但是山东地区合作社与研究机构对接紧密,对于农户病虫害等技术方面的风险,合作社帮助社员与科研单位联系,专业农业技术人员会下到社员地头,帮助解决农业生产中的技术问题,加入合作社一定程度上缓解了农户技术风险。

7.4 本章小结

本章依据农户风险行为理论、预期效用理论,以新疆、山东、甜瓜主产区的农户调查数据为基础,从不同规模、不同地区角度统计描述分析了甜瓜生产过程中的主要风险来源,并分析了甜瓜农户风险态度,最后基于农业生产规避措施事前行为研究框架,分析了甜瓜农户风险规避行为,结果如下。

(1) 风险认知方面。从调研区域整体角度分析,自然风险与市场风险是甜瓜农户主要风险来源,自然风险中的天气灾害对农户影响较大;市场风险中销售价格不确定性对甜瓜农户影响比较大,而生产资料市场风险、土地市场风险、劳动力市场风险也均有较大影响。金融风险中资金投入风险与市场道德风险同样是甜瓜农户风险的主要来源之一。

从不同区域角度分析瓜农生产风险认知,发现不同地区农户对甜瓜生产风险认知存在一定的差异性。专业化程度越高,集聚度越高,栽培方式科技水平越高的地区农户面临市场价格波动风险越小;交易市场越发达、信息获取渠道越多的地区面临的市场道德风险越小;领导团队稳定的地区,政策风险较小。不同规模甜瓜农户对农业生产风险的主要来源认知趋同。

(2) 风险态度方面。甜瓜农户普遍为风险中性与风险厌恶农户,风险偏好农户仅占全样本的15.32%,从不同规模农户角度分析,适度规模农户风险偏好程度较高,小规模农户风险规避意识较强。农户风险偏好在不同地区存在差异性较大,山东地区农户风险偏好型与风险中性农户占比较高,对于新技术、新品种的采用比较积极;而新疆地区风险厌恶型与风险中性农户占比较高,对新技术的采用相对保守,陕西地区农户风险偏好处于二者之间。

(3) 风险规避方面。基于农户事前行为视角,甜瓜农户倾向于采取多元化种植、订单农业、加入专业合作组织的方式进行风险规避,对正规风险规避机制需求强烈,但目前正规机制对于帮助农户规避风险的作用微弱。兼业行为是调研地区普遍采用的风险规避方式,不同区域瓜农生产风险规避行为存在明显的差异。山东地区更倾向于选择甜瓜品种间、园艺作物品种间的多元化种植方式规避市场风险,更倾向于通过加入合作组织获取技术支持,规避生产风险。新疆地区与陕西地区风险规避方式相似,都是通过种植经济作物、高价值农产品、选择订单农业等方式规避市场风险。

8 结论与政策建议

本研究在借鉴已有研究成果的基础上,构建了农户生产经营行为分析框架,利用甜瓜主产区的农户调查数据,分析了农户的主要生产经营行为特征及其影响因素。研究结果表明,不同规模、不同地区、不同种植模式的农户在甜瓜技术选择、生产技术效率、风险认知与规避行为等方面存在一定的差异。农业作为天生的弱质性产业,不能仅靠市场力量来推动,需要依靠政府政策支持、制度创新来解决农户农业市场经营的要素约束和市场约束,提高农户的市场竞争力。

8.1 主要研究结论

8.1.1 甜瓜生产重心向西北偏移,优势产区已经形成

2001—2016年,我国以高效园艺类作物甜瓜为代表的高价值农产品生产重心移动轨迹呈现2个特点:①生产重心在经纬度上均有移动,在经度方向的移动程度大于在纬度方向的移动程度,生产重心主要向西部偏移。②受生产效率、区域农业生产结构调整等因素影响,生产重心移动轨迹呈明显的阶段性特征,移动速度快的2004—2008年,地区农业结构调整速度较快。甜瓜区域化发展态势明显区域化发展,优势产区主要集中在以山东、河南、河北为代表的黄淮海地区,以及以新疆、陕西、宁夏为代表的西北地区。

8.1.2 甜瓜生产行为地区差异性、规模差异性明显

基本生产情况方面,甜瓜生产情况区域差异性较大,种植规模、栽培模式、

种植品种、灌溉方式都存在一定差异,但其中也有一定共性。例如品种逐渐倾向于早熟、早中熟品种的种植,这种趋同行为是受到种植利益引导,是市场导向行为。栽培方式趋向设施生产,包括以露地栽培为特色的新疆地区,近几年甜瓜设施栽培数量不断增加,其目的同样是获取销售利润。从成本利润角度来看,不同区域、不同规模农户甜瓜成本利润差异性较大。

农户技术选择层面,露地、大规模种植的新疆地区对增产的良种技术、储藏保鲜技术需求程度较高;设施、中规模种植的陕西地区对劳动力节约技术、增产的良种技术需求程度较高;设施小规模种植山东地区,对提高品质的良种技术需求程度较高。

农户技术效率层面,山东样本农户的甜瓜种植技术效率高于其他区域农户的技术效率,陕西地区的其次,新疆地区的最低;不同种植模式的农户技术效率存在显著差异,设施种植农户的技术效率明显高于露地种植农户的技术效率。不同经营规模与农户生产技术效率呈现"倒 U 形"效应。

风险行为层面,不同地区农户对甜瓜生产风险认知存在一定的差异性。专业化程度越高,集聚度越高,栽培方式科技水平越高的地区农户面临市场价格波动风险越小;交易市场越发达、信息获取渠道越多的地区面临的市场道德风险越小;领导团队稳定的地区,政策风险较小。

8.1.3 组织化程度、农户技术水平对甜瓜生产行为影响显著

基于 Logistic 回归模型的实证分析结果显示,农户组织化程度对农户种植意愿呈显著正向影响。基于异质性随机前沿模型,组织化程度变量对甜瓜生产效率起到正向影响,并且在 10%水平上显著;对甜瓜生产稳定性起到正向影响,并且在 1%水平上显著。说明农户参与专业化合作组织,提高甜瓜产业的组织化程度,会显著提高甜瓜生产效率,并且对于甜瓜生产的稳定性有促进作用。规范的专业合作组织在生产、销售等方面对瓜农有很强的促进作用,对瓜农生产资料的获取、生产技术信息的接收、销售渠道与产品议价都有积极的影响,不仅可以节省投入成本,还可以提升农户市场议价能力。对于农户风险规避层面,小农户无论在产量还是在经营收入方面,都比龙头企业面临更大的风险,农业龙头企业作为

更加专业化的经营组织，在抵御农业经营风险方面有相当大的比较优势。同样，对于专业化合作社，利益共享、风险共担是其核心，规范的专业化合作社对于内部社员抵御农业风险具有一定的促进作用。

提高土地产出率、劳动生产率，增强农业生产综合效率，主要依靠农业科技进步。推进甜瓜生产技术创新一直是甜瓜优势生产区域关注的重点问题，也是新阶段转变甜瓜生产方式、增加甜瓜产业效益的关键。甜瓜种植户作为现代甜瓜产业技术的终端需求者和重要生产主体，其技术需求现状与技术选择行为将成为提高甜瓜产业技术创新和推广效率，促进田间管理技术科学化、规范化生产的微观基础。基于联立双变量 Probit 模型，农户参与技术培训，对环境友好型技术采纳起到正向作用；基于异质性随机前沿模型，培训情况变量对甜瓜生产效率起到正向影响，但是不显著；对甜瓜生产稳定性起到正向影响，并且在5%水平上显著。有效的农业技术培训可以提高农户的生产技术，从而提高甜瓜农户生产效率，提高农户参与培训的频率，对提高甜瓜生产效率有一定的作用，并且对于甜瓜生产的稳定性有促进作用。但是培训的内容是否能指导农户生产、是否有效，也十分重要。

8.1.4 甜瓜品牌化是影响甜瓜生产效率的关键变量

基于 Logistic 回归模型的实证分析结果显示，农业品牌对农户种植意愿呈显著正向影响。地区品牌化、专业化发展对甜瓜产业具有积极的促进作用。在甜瓜优势产区，单纯依靠扩大甜瓜生产规模已经不能满足产业发展的需要，形成特色化、差异化、品质化的品牌农产品，才是优势产业的形成必要条件。基于异质性随机前沿模型，农业品牌变量对甜瓜生产效率起到正向影响，并且在1%水平上显著；对甜瓜生产稳定性起到正向影响，但不显著。在区域品牌覆盖的地区，农户甜瓜生产积极性更高，产业化水平更高、专业化分工程度更高，产品市场与要素市场更加发达，配套的基础性设施更完善。这些都是提高生产效率的关键，所以加快地区甜瓜品牌建设，会显著提高甜瓜生产效率，并且对于甜瓜生产的稳定性有促进作用。

8.1.5 绿色生产方式是甜瓜产业的发展方向

无论是基于自然资源环境方面，还是甜瓜消费市场方面，绿色生产方式是甜瓜产业未来的发展的必然方向。利用联立双变量 Probit 模型、Tobit 模型,研究瓜农环境友好型技术采用情况及影响因素分析结果显示,文化程度、民族类型、种植规模、参加技术培训、政策环境、技术采用意愿、技术采用效果预期、技术获取信息渠道多样化,是影响成品有机肥施用的主要影响因素。要想达成甜瓜产业绿色发展,需要提高农户文化水平,组织相关环境友好型技术培训,增加环境友好型技术获取渠道,政府履行宣传引导作用,必要时给予补贴。基于异质性随机前沿模型的甜瓜生产效率分析,甜瓜产业存在化肥、农药、机械投入过量的可能,对于 8 亩以上中大规模农户,追加化肥投入,会对农户甜瓜生产效率产生负面影响。

8.1.6 甜瓜种植户具有较强的正规风险规避机制的需求

甜瓜农户风险规避方式多采用非正规风险规避措施,基于农户事前行为视角,甜瓜农户倾向于采取多元化种植、订单农业、加入专业合作组织的方式进行风险规避,对正规风险规避机制需求强烈,但目前正规机制对于帮助农户规避风险的作用微弱。兼业行为是调研地区普遍采用的风险规避方式,不同区域瓜农生产风险规避行为存在明显的差异,山东地区更倾向于选择甜瓜品种间、园艺作物品种间的多元化种植方式规避市场风险,更倾向于通过加入合作组织获取技术支持,规避生产风险。新疆地区与陕西地区的风险规避方式相似,都是通过种植经济作物、高价值农产品、选择订单农业等的方式规避市场风险。

8.2 政策建议

8.2.1 注重人力资本投资,多种方式提高农户素质

研究发现,甜瓜种植户人力资本(包括户主受教育水平、参加技术培训、农户健康生活保障)对甜瓜种植户扩大种植意愿、促进瓜农绿色生产、提高甜瓜生产技术效率等都呈显著正向影响。调查三地甜瓜农户受基础教育年限均值为 8.15 年,接近九年义务教育水平。甜瓜种植户基础教育水平提高、参加培训次数增

加,有利于更好地理解和接受最新农业技术,更有利于农业技术推广,提高产业生产技术水平、提高田间管理水平,降低生产风险;同时对于应对不断变化的市场,适应消费结构的不断升级,起到积极作用。所以我国在农业现代化的进程中,无论从提高甜瓜种植户市场参与能力、推进产业专业化分工、规模化经营等能力,还是促进农业生产方式转变,提高有效、高质供给能力方面,都需要提高农户人力资本水平,注重人力资本投资,提高农户素质。

注重农户人力资本投资,提高农户素质需要从3个方面考虑。首先,提高农户接受基础教育水平。对于正规的学校教育,不仅要提高农村整体基础教育水平,还要提高基层教师的收入水平,提高基层教师的各项待遇,保障优质教育资源向基层地区流动,这更需要政府和公共财政的努力。其次,提高农业培训水平与效果,以合作组织为单位,建立主产区与科研机构的对接。在政府的引导下,甜瓜主产区加大瓜农参与技术培训的力度,利用农闲时间强化农户种植的技术水平,保证科技推广的效果,培训方式要灵活多样,除了室内授课与田间实地授课的传统方式以外,还可以建立互联网平台授课,提高科技人员与农户的授课效率。除了对种植技术的培训外,还要增加甜瓜种植户经营管理能力,提高农户风险应对能力。最后,建设美丽农村,提高农村医疗保障水平,保证农民良好的生活环境与健康水平,在政府的引导下从全方面提高农村人力资本。

8.2.2 培育新型经营主体,强化产业组织与生产能力

研究结果表明,合作社等中介组织对甜瓜农户种植意愿、生产技术效率等行为影响显著,同时也是农户规避市场风险的有效方式。而许多研究证明,龙头企业在农户规避风险方面比小农户优势明显。基于此,培育甜瓜新型经营主体,提高甜瓜产业组织程度与生产能力十分必要。具体来看:首先,发挥合作社、协会、龙头企业等新型经营主体在甜瓜农户生产中的技术培训与技术扩散功能,建立新型经营主体与科研单位定点合作模式,为小农户提供先进的生产技术;其次,发挥新型经营主体在农资购买中的成本优势,大批量购买使得农资单价降低,从而为小农户提供相对低价的农资,降低小农户成本;最后,发挥新型经营主体在市场信息获取、销售渠道多样等方面的优势,为合作社、协会会员,或者

龙头企业带领下的农户,提供有效的市场信息,拓宽销售渠道,增强小规模农户在市场竞争中议价能力,提高农民收入。除此之外,对专业合作社、甜瓜协会等组织机构的监督管理也要加强,建立动态监督管理机制,并且制定相关监管规章与惩罚条例,利用互联网建立合作社信息发布机制,对于违规合作社实行网上公布,并设定相应的评论功能,使社员可以内部监督、网上评论,严厉惩治套牌合作社的行为。

8.2.3 加快产业绿色发展支撑技术的推广与应用

推进甜瓜产业绿色发展技术,主要从以下 3 个方面进行。

(1)进一步加大甜瓜向优势产区的聚集,实现适度规模生产与经营。在环境、气候、设施、人力等生产要素最具优势的国内外主产区,布局四季生产、周年供应的甜瓜生产县域产区,推动以产销一体化的企业或者农民合作组织等适度规模生产组织为产业龙头的适度规模经营。针对资源环境承载能力特别是地下水过度利用的华北地区及干旱缺水的西北地区,大力发展高效节水和肥水一体化技术的推广,缓解水资源供需的压力。

(2)加快简约化清洁化生产技术集成推广与普及,切实推动生产方式向绿色高效转变。建立以高效、设施化、无公害为目标的甜瓜规范栽培技术体系,重点是设施栽培技术、无公害病虫害防治技术和平衡营养施肥技术等。加强简约化栽培技术的集成创新及推广应用。对耕作、播种、育苗、覆盖、除草、整蔓、灌溉、施肥、授粉、采收等甜瓜生产的主要环节进行轻简化组装与集成。推广农业投入品减量使用制度,支持低消耗、低残留、低污染绿色农业投入品生产,推广有机肥替代化肥、测土配方施肥,使用符合标准的加厚地膜并开展地膜回收试验,强化病虫害统防统治和全程绿色防控。通过提出生产管理的量化指标,明确各种条件下的种植要求和栽培技术,规范农药化肥使用,统一指导甜瓜采摘,确保甜瓜产品的质量安全。

(3)加大甜瓜抗病虫害品种的选育,以良种为载体推动甜瓜生产的绿色发展。甜瓜品种选育要与市场多元化需求与品质相结合的基础上,更应将复合抗病虫性、抗逆性、资源高效利用和可持续发展列为育种选种的重要目标。要加快绿色品种的更新，对于种植时间长，抗病性、抗逆性等各项指标退化严重的品种，要及时更换新品种，克服连作障碍。加快高产、优质、抗性好的甜瓜品种推广。在不同生态区和种植模式下推广适宜品种。围绕供给侧结构性改革，优化绿色优质品种结构，合理错季生产，确保甜瓜周年供应。

8.2.4 以绿色消费为契机，大力发展甜瓜绿色品牌战略

研究发现，绿色消费是当前及未来主流消费趋势，对未来农业的发展及农产品的要求不仅是数量上的安全性，而且是高品位、高质量、优品种的绿色产品。要建立甜瓜产业绿色生产标准体系。积极研究制定与国际惯例接轨的甜瓜商品标准。建立甜瓜无公害农产品认证制度，加快建立统一的绿色农产品市场准入标准，提升甜瓜绿色食品、有机农产品和地理标志农产品等认证的公信力和权威性。对主产区外销西、甜瓜产品进行统一包装，对已注册西、甜瓜品牌实施重点保护，增加产品的市场竞争力。实施甜瓜农业绿色品牌战略，培育具有区域优势特色和国际竞争力的农产品区域公用品牌、企业品牌和产品品牌。完善甜瓜绿色农产品检测体系，建立乡镇或区域性农产品质量安全监管公共服务机构，依托国家及地方"菜篮子"产品质量安全追溯信息平台，建立覆盖西瓜甜瓜生产和流通环节的全程质量追溯体系。充分利用电子商务、连锁经营、农超对接等现代销售手段，不断发展订单农业，拓宽甜瓜绿色农产品销售渠道。

8.2.5 完善农业保险制度，增加正规风险规避制度供给

根据本研究结果，甜瓜农户风险来源普遍，并呈多样化发展趋势，除了农业传统的自然风险以外，还面临甜瓜市场价格不确定性、道德风险的市场风险、社会风险、金融风险等。甜瓜种植户对风险来源大多被动承受，少部分瓜农采用非正规风险应对机制，例如多元化种植、合约生产、采用保守技术保守品种、兼业行为等规避风险。但是多元化种植、兼业行为的采用往往伴随着生产设施专业性、种植经验专业性等流失，园艺作物产业内缺乏有效的正规风险防范与规避机制，长此以往不利于产业发展。农业保险是最主要的正规风险规避之一，也是最有效的风险规避方案，但是现阶段，我国农业保险制度不完善、产品市场混乱，

是我国农业保障体系的薄弱项目，尤其是在园艺作物产业内，农业保险发展缓慢，未来政策导向应着重加强农业保险作物覆盖范围，扩大被保险的项目，逐步建立农户正规风险规避机制。尤其是在保险费率方面，应将我国农业保险项目纳入"绿箱政策"，对保险项目给予适当的财政补贴，从而达到降低农户保险费率的目的，使得农户参与保险的积极性提高；并且给予提供农业保险的金融机构相应的补贴，鼓励金融机构为农民提供风险保障。

参考文献

伯顿.E.斯旺森.，1989.世界农业推广［M］.许无惧，等，译.成都：四川科学技术出版社.

陈琴，2017.农户水稻种植技术选择受到兼业化程度的影响分析［J］.山西农经（6）：35.

陈书章，徐峥，任晓静，等，2012.我国小麦主产区综合技术效率波动及要素投入优化分析［J］.农业技术经济（12）：39-50.

陈艳红，胡胜德，2014.农户优质稻米种植意愿分析——基于黑龙江省359个普通水稻种植户的调查［J］.农业技术经济（10）：106-110.

陈雨生，乔娟，赵荣，2009.农户有机蔬菜生产意愿影响因素的实证分析——以北京市为例［J］.中国农村经济（7）：20-30.

褚彩虹，冯淑怡，张蔚文，2012.农户采用环境友好型农业技术行为的实证分析——以有机肥与测土配方施肥技术为例［J］.中国农村经济（3）：68-77.

邓大才，1999.略论农业生产经营的风险及规避策略［J］.江西农业经济（3）：61-62.

段丽丽，朱有为，2013.浙江省商品有机肥发展现状及对策建议［J］.浙江农业科学（8）：925-926，937.

冯晓龙，刘明月，仇焕广，等，2018.资产专用性与专业农户气候变化适应性生产行为——基于苹果种植户的微观证据［J］.中国农村观察（4）：74-85.

冯晓龙，刘明月，霍学喜，等，2017.农户气候变化适应性决策对农业产出的影响效应——以陕西苹果种植户为例［J］.中国农村经济（3）：31-45.

高鸣，宋洪远，2014.粮食生产技术效率的空间收敛及功能区差异——兼论技术扩散的空间涟漪效应［J］.管理世界（7）：83-92.

郜亮亮，黄季焜，Rozelle Scott，等，2011.中国农地流转市场的发展及其对农户投资的影

响 [J]. 经济学, 10 (4): 1499-1514.

郜亮亮, 冀县卿, 黄季焜, 2013. 中国农户农地使用权预期对农地长期投资的影响分析 [J]. 中国农村经济 (11): 24-33.

龚梦, 祁春节, 2013. 我国经济林产品市场整合程度研究——以柑橘水果为例 [J]. 华中农业大学学报 (社会科学版) (3): 77-82.

苟露峰, 高强, 2016. 农户采用农业技术的行为选择与决定因素实证研究 [J]. 中国农业资源与区划, 37 (1): 65-72.

郭争争, 2014. 阎良区甜瓜农民专业合作社对农户收入影响的研究 [D]. 杨凌: 西北农林科技大学.

韩非, 王瑞, 2016. 烟草秸秆生物有机肥产业化绿色发展的现状与策略 [J]. 中国烟草学报, 22 (3): 126-132.

韩枫, 朱立志, 2016. 西部地区有机肥使用的农户行为分析——以甘肃省定西、临夏为例 [J]. 中国土壤与肥料 (6): 133-138.

韩良浩, 韩克敏, 初吉兴, 2012. 我国有机肥生产现状及发展方向浅析 [J]. 农业科技通讯 (12): 7-10.

何劲, 祁春节, 2013. 对柑橘类水果价格比较优势的影响研究——基于农业投入品价格、汇率因素对柑橘类水果 RCA 的实证比较分析 [J]. 价格理论与实践 (2): 65-66.

何凌云, 黄季焜, 2001. 土地使用权的稳定性与肥料使用——广东省实证研究 [J]. 中国农村观察 (5): 42-48, 81.

侯麟科, 仇焕广, 白军飞, 等, 2014. 农户风险偏好对农业生产要素投入的影响——以农户玉米品种选择为例 [J]. 农业技术经济 (5): 21-29.

胡继连, 1992. 中国农户经济行为研究 [M]. 北京: 中国农业出版社.

胡新艳, 杨晓莹, 吕佳, 2016. 劳动投入、土地规模与农户机械技术选择——观点解析及其政策含义 [J]. 农村经济 (6): 23-28.

胡宜挺, 蒲佐毅, 2011. 新疆种植业农户风险态度及影响因素分析 [J]. 石河子大学学报 (哲学社会科学版) (3): 1-6.

胡友, 祁春节, 2013. 基于空间计量的水果价格形成及传导研究——以苹果、柑橘和香蕉为例 [J]. 农业现代化研究, 34 (6): 738-743.

胡友, 祁春节, 2013. 我国柑橘国际竞争力动态演变及其影响因素实证研究 [J]. 华中农业大学学报（社会科学版）（6）：33-38.

黄宗智，2000. 长江三角洲小农家庭与乡村发展 [M]. 北京：中华书局.

黄宗智，2000. 华北的小农经济与社会变迁 [M]. 北京：中华书局.

贾丹，孟令岩，王志丹，2016. 我国甜瓜种植农户技术选择行为分析 [J]. 农业经济（9）：16-18.

姜太碧，2015. 农村生态环境建设中农户施肥行为影响因素分析 [J]. 西南民族大学学报（人文社科版），36（12）：157-161.

康天宇，李延，杨卓亚，2000. 中国有机肥产业前景广阔 [J]. 福建农业科技（4）：44-45.

孔祥智，方松海，庞晓鹏，等，2004. 西部地区农户禀赋对农业技术采纳的影响分析 [J]. 经济研究（12）：85-96.

李练军，2017. 粮食主产区水稻适度规模经营意愿影响因素研究——基于江西省7县428个水稻种植户的调查 [J]. 中国农业资源与区划，38（12）：130-137.

李亮科，2015. 生产要素利用对粮食增产和环境影响研究 [D]. 北京：中国农业大学.

李宁，2016. 吐鲁番市甜瓜种植农户技术需求及满意度研究 [D]. 乌鲁木齐：新疆农业大学.

李庆，林光华，何军，2013. 农民兼业化与农业生产要素投入的相关性研究——基于农村固定观察点农户数据的分析 [J]. 南京农业大学学报（社会科学版）（3）：27-32.

李然，李谷成，冯中朝，2015. 不同经营规模农户的油菜生产技术效率分析——基于湖北、四川等6省市689户农户的调查数据 [J]. 华中农业大学学报（社会科学版）（1）：14-22.

李睿，2016. 我国粮食主产区农业生产要素投入的产出效应分析 [J]. 南方农业学报，47（1）：153-158.

李维，2010. 农户水稻种植意愿及其影响因素分析——基于湖南资兴320户农户问卷调查 [J]. 湖南农业大学学报（社会科学版），11（5）：7-13.

李玉勤，2010. 杂粮种植农户生产行为分析——以山西省谷子种植农户为例 [J]. 农业技术经济（12）：44-53.

梁文群，牛冲槐，杨春艳，2016. 基于异质性随机前沿模型的人力资本创新效应研究 [J]. 科技进步与对策，33（15）：145-150.

林毅夫, 2008. 制度、技术与中国农业发展 [M]. 上海: 上海三联书店、上海人民出版社, 30-62.

刘芳, 李欣, 王浩, 2010. 农户农产品生产意愿影响因素的实证分析——以广东省油茶种植为例 [J]. 中国农村观察 (6): 54-65.

刘红梅, 王克强, 黄智俊, 2008. 影响中国农户采用节水灌溉技术行为的因素分析 [J]. 中国农村经济 (4): 44-54.

刘金金, 2014. 农户节水灌溉技术选择行为及其影响因素的分析 [D]. 南京: 南京农业大学.

刘乐, 张娇, 张崇尚, 等, 2017. 经营规模的扩大有助于农户采取环境友好型生产行为吗——以秸秆还田为例 [J]. 农业技术经济 (5): 17-26.

刘黎黎, 2014. 黄土高原农户高效节水灌溉技术选择行为研究 [D]. 北京: 中国农业科学院.

刘珉, 2011. 集体林权制度改革: 农户种植意愿研究——基于 Elinor Ostrom 的 IAD 延伸模型 [J]. 管理世界 (5): 93-98.

刘天军, 蔡起华, 2013. 不同经营规模农户的生产技术效率分析——基于陕西省猕猴桃生产基地县 210 户农户的数据 [J]. 中国农村经济 (3): 37-46.

刘甜, 2017. 农户化肥施用行为影响因素分析 [D]. 武汉: 湖北大学.

栾健, 周玉玺, 李明辉, 2016. 基于 IPAT 方程的粮食生产与水资源投入量的脱钩分析——以我国 13 个粮食主产省(区)为例 [J]. 资源开发与市场 (4): 430-436.

罗静, 郑晔, 2015. 基于空间计量模型的农业要素投入的规模收益分析 [J]. 统计与决策 (22): 123-126.

罗小娟, 冯淑怡, 石晓平, 等, 2013. 太湖流域农户环境友好型技术采纳行为及其环境和经济效应评价——以测土配方施肥技术为例 [J]. 自然资源学报, 28 (11): 1891-1902.

马翠萍, 肖海峰, 2011. 我国大豆种植户持续种植意愿的影响因素——基于山东省农户的调查问卷 [J]. 技术经济 (9): 85-89.

马鸿运, 1994. 中国农户经济行为研究 [M]. 上海: 上海人民出版社.

马强, 祁春节, 2013. 农药残留限量标准对中国大陆柑橘出口贸易影响的实证分析 [J]. 华中农业大学学报(社会科学版) (6): 53-58.

马燕妮, 霍学喜, 2017. 专业化农户正规信贷需求特征及其决定因素分析——基于不同规模专业化苹果种植户的对比视角 [J]. 农业技术经济（8）：81-93.

潘传快，熊巍，祁春节，2017. 正态线形模型下缺失值的贝叶斯多重插补——基于柑橘数据的分析 [J]. 华中农业大学学报（社会科学版）（1）：72-77，143.

恰亚诺夫，1996. 农民经济组织 [M]. 北京：中央编译出版社.

乔志霞，霍学喜，张宝文，2018. 农业劳动力老龄化对劳动密集型农产品生产效率的影响——基于陕、甘745个苹果户的实证研究 [J]. 经济经纬，35（5）：73-79.

邱树广，1992. 农业技术风险转移机制初论 [J]. 农业技术经济（2）：31-33.

屈小博，2008. 不同经营规模农户市场行为研究 [D]. 杨凌：西北农林科技大学.

屈小博，2009. 不同规模农户生产技术效率差异及其影响因素分析——基于超越对数随机前沿生产函数与农户微观数据 [J] 南京农业大学学报（社会科学版），9（3）：27-35.

史恒通，赵敏娟，霍学喜，2013. 农户施肥投入结构及其影响因素分析——基于7个苹果主产省的农户调查数据 [J]. 华中农业大学学报（社会科学版）（2）：1-7.

史清华，2005. 农户经济可持续发展研究 [M]. 北京：中国农业出版社.

史清华，黄祖辉，2001. 农户家庭经济结构变迁及其根源研究——以1986—2000年浙江10村固定跟踪观察农户为例 [J]. 管理世界（4）：112-119.

史清华，万广华，黄珺，2004. 沿海与内地农户家庭储蓄借贷行为比较研究——以晋浙两省1986—2000年固定跟踪观察的农户为例 [J]. 中国农村观察（2）：26-34.

宋长鸣，2016. 蔬菜价格波动背景下生产者种植意愿变化研究——兼论对Logistic模型的重新解读 [J]. 中国农业大学学报，21（1）：147-156.

宋金田，2013. 新制度经济学视角农户生产经营行为实证研究 [D]. 武汉：华中农业大学.

宋金田，祁春节，2011. 交易成本对农户农产品销售方式选择的影响——基于对柑橘种植农户的调查 [J]. 中国农村观察（5）：33-44，96.

宋金田，祁春节，2012. 农户柑橘种植意愿及影响因素实证分析——基于我国柑橘主产区152个农户的调查 [J]. 华中农业大学学报（社会科学版）（4）：17-21.

宋金田，祁春节，2013. 农户农业技术需求影响因素分析——基于契约视角 [J]. 中国农村观察（6）：52-59，94.

宋雨河，2015. 农户生产决策与农产品价格波动研究 [D]. 北京：中国农业大学.

宋雨河，武拉平，2014. 价格对农户蔬菜种植决策的影响——基于山东省蔬菜种植户供给反应的实证分析 [J]. 中国农业大学学报（社会科学版），31（2）：136-142.

孙昊，2014. 小麦生产技术效率的随机前沿分析——基于超越对数生产函数 [J]. 农业技术经济（1）：42-48.

孙玉竹，杨念，吴敬学，等，2017. 中美西瓜甜瓜产业发展比较分析 [J]. 中国瓜菜，30 （9）：1-7，16.

陶俊生，徐粉粉，李明华，2016. 农户生态行为的影响因素研究——基于杭州市农民有机肥施用的调查 [J]. 环境保护与循环经济，36（2）：9-12.

王琛，吴敬学，2015. 我国玉米产业生产技术效率与其影响因素研究——基于2001—2011年的省级面板数据 [J]. 中国农业资源与区划，36（4）：23-32.

王琛，吴敬学，钟鑫，2014. 中国农业技术类型对粮食综合生产能力影响的实证分析 [J]. 农业现代化研究（5）：513-518.

王恒，2018. 阎良甜瓜产业供给侧结构性改革对策研究 [D]. 杨凌：西北农林科技大学.

王洪清，沈建超，祁春节，2013. 交易成本、贸易空间和收购价格的决定分析——以湖北省柑橘市场为例 [J]. 华中农业大学学报（社会科学版）（6）：39-43.

王建华，马玉婷，刘茜，2015. 农户农产品安全生产意愿的主要影响因素分析 [J]. 西北农林科技大学学报（社会科学版），15（1）：78-85.

王静，2013. 苹果种植户技术选择行为研究 [D]. 杨凌：西北农林科技大学.

王静，霍学喜，2014. 交易成本对农户要素稀缺诱致性技术选择行为影响分析——基于全国七个苹果主产省的调查数据 [J]. 中国农村经济（2）：20-32，55.

王丽佳，2013. 交易成本视角的农户合作交易模式研究 [D]. 杨凌：西北农林科技大学.

王秀丽，王士海，2018. 农户农业清洁生产行为的影响因素和实施效果对比分析——以测土配方施肥和高效低毒农药技术为例 [J]. 新疆农垦经济（5）：16-23.

王学婷，何可，张俊飚，等，2018. 农户对环境友好型技术的采纳意愿及异质性分析——以湖北省为例 [J]. 中国农业大学学报，23（6）：197-209.

王宇，杨俊孝，王岩，2018. 农业补贴对粮农土地适度规模经营的影响——基于新疆奇台县的调研 [J]. 江苏农业科学，46（11）：341-345.

王志平，2010. 生产效率的区域特征与生产率增长的分解——基于主成分分析与随机前沿超越对数生产函数的方法 [J]. 数量经济技术经济研究，27（1）：33-43，94.

温铁军，2000. 中国农村基本经济制度研究 [M]. 北京：中国经济出版社.

文长存，2017. 农户高价值农产品生产经营行为实证研究 [D]. 北京：中国农业科学院.

文长存，崔琦，吴敬学，2017. 农户分化、农地流转与规模化经营 [J]. 农村经济（2）：32-37.

吴敬学，1996. 略论农业技术进步模式的选择 [J]. 农业经济问题（8）：40-43.

吴敬学，杨巍，2007. 中国农户行为对采用农业技术的影响实证分析——基于中国主要粮食作物入户调查问卷分析 [C]. 中国农业技术经济研究会.

吴敬学，杨巍，张扬，2008. 中国农户的技术需求行为分析与政策建议 [J]. 农业现代化研究（4）：421-425.

吴敬学，赵姜，张琳，2013. 中国西甜瓜优势产区布局及发展对策 [J]. 中国蔬菜（17）：1-5.

西爱琴，2006. 农业生产经营风险决策与管理对策研究 [D]. 杭州：浙江大学.

西爱琴，2014. 农户农业生产经营决策行为研究 [D]. 北京：中国农业科学院.

西爱琴，陆文聪，梅燕，2006. 农户种植业风险及其认知比较研究 [J]. 西北农林科技大学学报（社会科学版）（4）：22-28.

西爱琴，吕品，2010. 浙江农户农业风险管理措施有效性的实证分析 [J]. 浙江理工大学学报，27（4）：659-665，678.

西爱琴，邹宗森，朱广印，2015. 农业保险对农户生产决策的影响：一个文献综述 [J]. 华中农业大学学报（社会科学版）（5）：66-71.

向云，祁春节，陆倩，2014. 湖北省柑橘生产的区域比较优势及其影响因素研究 [J]. 经济地理，34（11）：134-139，192.

向云，祁春节，王伟新，2017. 柑橘生产的要素替代关系及增长路径研究——基于主产区面板数据的实证分析 [J]. 中国农业大学学报，22（7）：200-209.

肖阳，李云威，朱立志，2017. 基于SEM的农户施肥行为及其影响因素实证研究 [J]. 中国土壤与肥料（4）：167-174.

肖阳，于向鸿，田尧甫，等，2018. 农户有机肥施用意愿及前景 [J]. 农业展望，14（4）：48-52.

谢文宝，刘国勇，2018. 农业技术培训对农户甜瓜生产效率贡献研究 [J]. 北方园艺（13）：189-197.

许朗，刘金金，2013. 农户节水灌溉技术选择行为的影响因素分析——基于山东省蒙阴县的调查数据 [J]. 中国农村观察（6）：45-51，93.

薛艳，郭淑静，徐志刚，2014. 经济效益、风险态度与农户转基因作物种植意愿——对中国五省 723 户农户的实地调查 [J]. 南京农业大学学报（社会科学版）（4）：25-31.

闫逊，习祥春，王娜，2012. 寒冷干旱地区施用污泥有机肥对紫花苜蓿草生长和土壤理化性质的影响 [J]. 中国农机化（4）：78-83.

颜璐，2013. 农户施肥行为及影响因素的理论分析与实证研究 [D]. 乌鲁木齐：新疆农业大学.

杨皓天，刘秀梅，句芳，2016. 粮食生产效率的随机前沿函数分析——基于内蒙古微观农户层面 1312 户调研数据 [J]. 干旱区资源与环境，30（12）：82-88.

杨念，王蔚宇，路丽，等，2018. 燕山—太行山扶贫区西瓜甜瓜产业发展问题及对策 [J]. 中国瓜菜，31（6）：39-42.

杨小凯，黄有光，1999. 专业化与经济组织——一种新兴古典微观经济学框架（张玉纲译者）[M]. 北京：经济科学出版社.

杨泳冰，胡浩，王益文，2012. 农户以商品有机肥替代化肥的行为分析——基于江苏南通市 228 户调查数据 [J]. 湖南农业大学学报（社会科学版），13（6）：1-6, 21.

杨志武，钟甫宁，2010. 农户种植业决策中的外部性研究 [J]. 农业技术经济（1）：27-33.

于林霞，张波，白秀广，2018. 黄土高原区苹果生产技术效率及其影响因素研究——基于 528 户苹果种植户的调查数据 [J]. 干旱区资源与环境，32（4）：68-74.

于明超，申俊喜，2010. 区域异质性与创新效率——基于随机前沿模型的分析 [J]. 中国软科学（11）：182-192.

余志刚，张靓，2018. 农户种植结构调整意愿与行为差异——基于黑龙江省 341 个玉米种植农户的调查 [J]. 南京农业大学学报（社会科学版），18（4）：137-145, 160.

曾维军，张建生，郑宏刚，等，2016. 粮食生产投入与产量关系的协整分析 [J]. 生态经济（2）：127-132.

曾雅婷，吕亚荣，王晓睿，2018. 农地流转对粮食生产技术效率影响的多维分析——基于随机前沿生产函数的实证研究 [J]. 华中农业大学学报（社会科学版）（1）：13-21.

曾铮，2014. 浙江省蔬菜种植农户生产技术选择行为分析 [D]. 杭州：浙江农林大学.

张敏，王正银，2006. 生物有机肥料与农业可持续发展 [J]. 磷肥与复肥（2）：58-59.

张强强，霍学喜，刘军弟，2018. 苹果种植户生产环节外包行为研究——基于陕、甘、鲁三省960户调查数据[J].华中农业大学学报(社会科学版)(2):28-36.

张峭,王克,汪必旺,等,2016.农业风险综合管理:一个理论框架[J].农业展望(3):59-65.

张怡,2015.农户花生生产行为分析——基于河南、山东两省44县(市)731份农户调查数据[J].农业技术经济(3):91-98.

章德宾,2018.不同蔬菜种植规模农户农业生产效率研究:主产区2009—2016年的调查[J].农业技术经济(7):41-50.

赵连阁,蔡书凯,2012.农户IPM技术采纳行为影响因素分析——基于安徽省芜湖市的实证[J].农业经济问题,33(3):50-57,111.

赵晓阳,2017.农户绿色蔬菜种植意愿及影响因素实证分析[J].河南农业大学学报,51(1):126-130.

郑旭媛,王芳,应瑞瑶,2018.农户禀赋约束、技术属性与农业技术选择偏向——基于不完全要条件下的农户技术采用分析框架[J].中国农村经济(3):105-122.

钟文晶,邹宝玲,罗必良,2018.食品安全与农户生产技术行为选择[J].农业技术经济(3):16-27.

钟鑫,2016.不同规模农户粮食生产行为及效率的实证研究[D].北京:中国农业科学院.

周清明,2009.农户种粮意愿的影响因素分析[J].农业技术经济(5):25-30.

周曙东,王艳,朱思柱,2013.中国花生种植户生产技术效率及影响因素分析——基于全国19个省份的农户微观数据[J].中国农村经济(3):27-36,46.

周晓时,李谷成,吴清华,2017.基础设施改善了农业技术效率吗?——基于异质性随机前沿模型[J].农林经济管理学报,16(2):191-198.

朱慧,张新焕,焦广辉,等,2012.三工河流域油料作物的农户种植意愿影响因素分析——基于Logistic模型和240户农户微观调查数据[J].自然资源学报(3):372-381.

朱利群,王珏,王春杰,等,2018.有机肥和化肥配施技术农户采纳意愿影响因素分析——基于苏、浙、皖三省农户调查[J].长江流域资源与环境,27(3):671-679.

朱诗音,2011.稻农对转基因水稻的认知、种植意愿及影响因素研究——基于江苏省淮安市稻农的实证分析[J].科技管理研究(21):211-214.

朱希刚,黄季焜,1994.农业技术进步测定的理论方法[M].北京:中国农业科技出版社.

朱希刚，刘延风，1997. 我国农业科技进步贡献率测算方法的意见［J］. 农业技术经济（1）：17-23.

朱希刚，张社梅，赵芝俊，2007. 我国棉花生产率变动分析［J］. 农业经济问题（4）：9-13.

朱友添，2014. 平和县蜜柚产业施肥现状、存在问题及建议［J］. 东南园艺，2（5）：51-53.

朱月季，高贵现，周德翼，2014. 基于主体建模的农户技术采纳行为的演化分析［J］. 中国农村经济（4）：58-73.

祝华军，楼江，田志宏，2018. 农业种植结构调整：政策响应、相对收益与农机服务——来自湖北省541户农民玉米种植面积调整的实证［J］. 农业技术经济（1）：111-121.

左喆瑜，2015. 农户对环境友好型肥料的选择行为研究——以有机肥及控释肥为例［J］. 农村经济（10）：72-77.

AHMAD M, CHAUDHRY G M, IQBAL M, 2002. Wheat productivity, efficiency and sustainability: a stochastic production frontier analysis［J］. The Pakistan Development Review, 41（4）：643-663.

BAIROCH P, BRAIDER C, 2010. Cities and economic development: from the dawn of history to the present［M］. Chicago: University of Chicago Press.

BALL V E, BUREAU J, BUTAULT J, et al., 2001. Levels of farm sector productivity: aninternational comparison［J］. Journal of Productivity Analysis, 15（1）：5-29.

BARHAM B L, 1996. Adoption of a politicized technology: bST and wisconsin dairy farmers［J］. American Journal of Agricultural Economics, 78（4）：1056-1063.

BATTESE G E, COELLI T J, 1995. A model for technical inefficiency effects in a stochastic frontier production function for panel data［J］. Empirical Economics, 20（2）：325-332.

BATTESE G E, CORRA G S, 1977. Estimation of a production frontier model: with application to the pastoral zone of eastern australia［J］. Australian Journal of Agricultural and Resource Economics, 21（3）：169-179.

BESLEY T, 1995. Property rights and investment incentives: theory and evidence from ghana［J］. Journal of Political Economy, 103（5）：903-937.

参考文献

BOGERS R P, BRUG J, VAN ASSEM P C, et al., 2004. Explaining fruit and vegetable consumption: the theory of planned behaviour and misconception of personal intake levels [J]. Appetite, 42 (2): 157-166.

BREUSCH T S, 1987. Maximum likelihood estimation of random effects models [J]. Journal of Econometrics, 36 (3): 383-389.

BRYAN WALL G, DANIEL S T, 1979. Production responses and price determination in the florida watermelon industry [J]. Southern Journal of Agricultural Economics (7): 153-156.

CASETTI E, 1992. Bayesian regression and the expansion method [J]. Geggraphical Analysis, 24 (1): 58-74.

CAVES D W, CHRISTENSEN L R, DIEWERT W E, 1982. The economic theory of index numbers and the measurement of input, output and productivity [J]. Econometrics, 50: 1393-1414.

CHARLES B, 1985. Random linear programs with many variables and few constraints [J]. Mathematical Programming, 34 (1): 62-71.

CHARNES A, COOPER W W, RHODES E, 1978. Measuring the Efficiency of decision making units [J]. European Journal of Operation Research, 2 (6): 429-444.

CHARNES A, HUANG Z M, SEMPLE J, et al., 1990, Origins and research in data envelopment analysis. [J]. The Arabian Journal for Science and Engineering, 4 (15): 617-215.

COASE R H, 1960. The problem of social cost [M]. Economic Analysis of the Law: Selected Readings. New Jersey: Blackwell Publishing Ltd. 1-13.

COELLI T J, RAO D S P, O'DONNELL, et al., 2005. An introduction to efficiency and productivity analysis [M]. Berlin: Springer Verlag.

DANIEL J KIM, ERIEC J HOLOWATY, 2003. Brief, validated survey instruments for the measurement of fruit and vegetable intakes in adults: a review [J]. Preventive Medicine, 36 (4): 440-447.

DAVID E M, HAYNES R W, 1984. The adjustment of product and factor markets: an application to the pacific northwest forests product industry [J]. American Journal of Agricultural Economics, 66 (1).

DEININGER K, JIN S Q, 2006. Tenure security and land-related investment: Evidence from Ethiopia [J]. European Economic Review, 50 (5): 1245-1277.

DENNIS A, KNOX LOVELL C A, PETER S, 1977. Formulation and estimation of stochastic frontier production function models [J]. Journal of Econometrics, 6 (1): 21-37.

DEOLALIKAR A B, 1981. The inverse relationship between productivity and farm size: a test using regional data from india [J]. American Journal of Agricultural Economics, 63 (3): 275-279.

DOLAN C, HUMPHREY J, 2001. Governance and trade in fresh vegetables: the impact of UK supermarkets on the African horticultural industry [J]. The Journal of Development Studies, 37 (2): 147-176.

ELHORST J P, 2003. Specification and estimation of spatial panel data models [J]. International Regional Science Review, 26 (3): 244-268.

ELLIS F, 1987. Peasant Economics [M]. Cambridge: Cambridge University Press.

FAN S, 1991. Effects of technological change and institutional reform on production growth in chinese agriculture [J]. American Journal of Agricultural Economics, 73 (5): 266-275.

FARRELL M J, 1957. The Measurement of productive efficiency [J]. Journal of the Royal Statistical Society, 120 (3): 253-290.

FIRTH D, 1993. Bias Reduction of maximum likelihood estimates [J]. Biometrika, 80 (1): 27.

FULKER M J, 2001. The role of fruit in the diet. [J]. Journal of Environmental Radioactivity, 52 (213): 147-157.

FØRSUND F R, LOVELL C A K, SCHMIDT P, 1980. A survey of frontier production functions and of their relationship to efficiency measurement [J]. Journal of Econometrics, 13 (13): 5-25.

GARY L, BIING H L, 2001. Factors Affecting watermelon consumption in the united states [J]. Vegetables and Specialties Situation and Outlook (11): 24-26.

GONG B H, SICKLES R C, 1989. Finite sample evidence on the performance of stochastic frontier models using panel data [J]. Journal of Productivity Analysis, 1 (3): 229-261.

GREGORY W D, 1993. Joint information acquisitons and new technology adoption: late versus early adoption [J]. The Review of Economics and Statistics, 75 (3): 438-445.

GRIFFIN J E, STEEL M F J, 2007. Bayesian stochastic frontier analysis using WinBUGS [J]. Journal of Productivity Analysis, 27 (3): 163-176.

GRILICHES Z, 1957. Hybrid corn: an exploration in the economics of technological change [J]. Econometrica, 25 (4): 501-522.

GRISLEY W, KELLOGG E, 1980. Risk-taking preferences of farmers in northern. Thailand-measurement and implications [J]. Agricultural Economics, 1 (2): 127-142.

HAAG S, JASKA P, SEMPLE J, 1992. Assessing the relative efficiency of agricultural production units in the blackland prairie, texas [J]. Applied Economics, 24 (5): 559-565.

HANS P, BINSWANGER, DONALD A, 1983. Sillers. Risk aversion and credit constraints in farmers'decision-making: a reinterpretation [J]. The Journal of Development Studies, 20 (1): 5-21.

HASBROUCK J, 1995. One Security, many market: determining the contributions to price discovery [J]. Journal of Finace, 50 (4): 1175-1199.

HEINZE G, SCHEMPER M, 2002. A solution to the problem of separation in logistic regression [J]. Statistics in Medicine, 21 (16): 2409-2419.

HOBBS J E, 1995. A transaction cost analysis of finished beef marketing in the united kingdom [D]. Aberdeen: University of Aberdeen.

HOBBS J E, 1997. Measuring the importance of transaction costs in cattle marketing [J]. American Journal of Agricultural Economics, 79 (4): 1083-1095.

HUFFMAN W E, 1980. Farm and off-farm work decision: the role of human capital [J]. Review of Economics and Statistics, 62 (1): 14-23.

KAWAGOE T, HAYAMI Y, RUTTAN V W, 1988. The intercountry agricultural production function and productivity differences among countries [J]. Journal of Development Economics, 19 (1/2): 113-132.

KOOP G, OSIEWALSKI J, STEEL M, 1997. Bayesian efficiency analysis through individual effects: hospital cost frontiers [J]. Journal of Econometrics, 76 (1/2): 77-105.

KOOP G, STEEL M F J, OSIEWALSKI J, 1995. Posterior analysis of stochastic frontier models using Gibbs Sampling [J]. Computational Statistics, 10 (4): 353-373.

KURDA Y, 1999. Research and extension expenditures and productivity in japanese agriculture:

1960—1990 [J]. Agricultural Economics, 16 (2): 111-124.

LIN B H, FRANZAO, ALLSHOUSE J, 2001. U. S. Consumption patterns of tree nuts [J]. Food Review, 24 (2): 54-58.

LIN J Y, 1992. Rural reforms and agricultural growth in China [J]. American Economic Review, 82 (1): 34-51.

MAURIZIO C, GUIDO M B, 2002. Food safety and organic furit demand in italy: a survey [J]. British Food Journal, 104 (3/4/5): 220-232.

MEEUSEN, W, VAN DEN BROECK J, 1977. Efficiency estimation from cobb-douglas production functions with composed error [J]. International Economic Review, 18 (2): 435-444.

MUNISAMY G, P. LYNN KENNEDY, 2000. Agricultural trade and productivity growth: a state-level analysis [J]. American Journal of Agricultural Economics, 82 (5), 1213-1218.

NORMAN D W, 1997. Economic Rationality of traditional hausa dryland farmers in the north of nigeria [M]. Ames: Iowa State University Press.

PESARAN M H, SMITH R, 1995. Estimating long - run relationships from dynamic heterogeneous panels [J]. Journal of Econometrics, 68 (1): 79-113.

PINGALI P L, 1997. From subsistence to commercial production systems: the transformation of asian agricultural [J]. American Journal of Agricultural Economics, 79 (2): 628-634.

PINGALI P, KHWAJA Y, MEIJER M, 2005. Commercializing small farms: reducing transaction costs [J]. The Future of Small Farms (61): 5-8.

RENATO V, EUAN F, 2006. Technical Inefficiency and production risk in rice farming: evidence from central luzon philippines [J]. Asian Economic Journal, 20 (1): 29-46.

RESTUCCIA D, YANG D T, ZHU X D, 2008. Agriculture and aggregate productivity: a quanti - tative cross - country analysis [J]. Journal of Monetary Economics, 55 (2): 234-250.

ROBERT E, 2000. The impact of public r&d and extension expenditure on italian agriculture: an application of a mixed parametric-nonparametric approach [J]. European Review of Agricultural Economics, 27 (3): 365-384.

ROGERS E M, 1983. Diffusion of innovation [M]. Third Edition. New York: The Free Press.

RUTTAN V W, 1977. The green revolution: seven generalizations [J]. International Development Review, 19 (4): 16-23.

RUTTAN V W, 2002. Productivity Growth in world agriculture: sources and constraints [J]. American Economic Association, 16 (4): 161-184.

SAHA A, LOVE H A, SCHWART R, 1994. Adoption of emerging technologies under output uncertainty [J]. American Journal of Agricultural Economics, 76 (4): 836-846.

SCOTT J C, 1976. The moral economy of the peasant: rebellion and subsistence in southeast asia [M]. Yale: Yale University Press.

VAN DEN BROECK J, KOOP C, OSIEWALSKI J, et al., 1994. Stochastic frontier models: a bayesian perspective [J]. Journal of Econometrics, 61 (2): 273-303.

VOLLRATH D, 2007. Land distribution and international agricultural productivity [J]. American Journal of Agricultural Economics, 89 (1): 202-216.